창업은 쉽게! 성공은 빠르게

우리동네
1등
공부방

공부방
창업 & 경영
추천도서

창업은 쉽게! 성공은 빠르게

우리동네
1등
공부방

유경숙 지음

따라만 해도 성공하는 깨알 가이드

회원모집과 관리, 학부모 상담, 홍보전략,
수업 노하우, 교육철학까지

박영
북 BOOK

차례

1장 시작부터 차원이 다른 공부방

2장 아는 만큼 성공하는 공부방 창업

3장 최고의 홍보! 공부방 브랜딩

4장 마음을 움직이는 스토리 상담

5장 입소문 잘 나는 회원 관리

6장 좋은 선생님과 좋은 수업

머리말

창업비용은 적고 위험 부담은 낮은 공부방의 매력

한때 블루오션으로 꼽혔던 공부방 시장은 이제 레드오션이 되었다고 해도 과언이 아니다. 그만큼 공부방이 많이 생겨났다. 여기에 출산율 저하로 아이들마저 줄고 있어 공부방 운영 환경은 전과 같지 않다. 상황이 이런데도 여전히 공부방 창업을 꿈꾸는 사람들은 많다. 왜 그럴까?

공부방 창업에 관심 있는 분들의 생각을 들어보면 공부방의 매력을 알 수 있다. 그들이 말하는 매력을 듣고 나면 공부방 창업 수요가 계속되는 이유를 수긍하게 된다.

직장 여성의 경우는 대부분 아이가 아프거나 일이 발생했을 때 직장에 매여 아이에게 어떻게 해 줄 수 없는 안타까움과 미안함이 있다. 아이가 초등학교를 들어가면 고민은 더 커진다. 아이의 교육에 신경을 더 써 줘야 하지만 퇴근하고 오면 가사만으로도 힘들어 아이의 교육은 뒤로 밀리면서 늘 죄인 엄마가 된다. 그런데 공부방 운영은 자기 집에서 하는 일이니 직장맘들의 고민인 육아와 교육 두 마리 토끼를 잡을 수 있다. 이런 매력이 있다 보니 기존 직장을 과감히 그만두고 공부방을 시작하는 경우가 많다.

또 이런저런 사업을 하다가 시원치 않아 더 이상 투자 여력도 없다 보니 대학 시절 잠깐 아이들 가르친 경험으로 공부방 사업을 생각하게 되었다는 분도 있다. 그만큼 선뜻 마음먹고 시작하기 좋은 창업 아이템이 공부방이다.

요즘은 공부방 사업을 시작하는 연령대의 폭이 넓어졌다. 대학을 졸업했으나 취업이 어려워진 젊은 세대들이 공부방 창업의 문을 두드리기도 한다. 이뿐만 아니라 아이들을 대학생으로 다 키운 40대 후반에서 50대 초반 여성들이 자아실현을 위해 자녀를 양육했던 경험을 살려 공부방 사업에 도전하기도 한다.

새로운 일에 도전하는 창업은 여러 가지 생각과 고민이 공존한다. 마음먹은 일을 시작하는 것이 과연 옳은 선택일까? 만약 시작한다면 무엇부터 시작해야 할까? 창업비용은 어느 정도 들까? 위험 부담은 없을까? 등등이다. 이런 생각과 고민은 공부방을 창업하는 사람들 역시 마찬가지이다.

그런데 공부방 사업은 기본적으로 창업 조건이 까다롭지 않다. 그리고 창업비용이 다른 사업보다 적고 위험 부담 역시 투자 비용 대비 낮다. 공부방은 직장인 상위 10%만이 가능하다는 연봉 1억을 점포 없이 집에서 책상 하나로도 가능하다. 거기다가 육아와 가사를 동시에 해결할 수 있는 일이고 교육 전문직이라서 기혼 여성에게는 환영받는 일이다. 특히나 결혼 후 경력단절녀라는 꼬리표 때문에 재취업이 어려운 여성의 경우 그 이전의 일과 크게 상관없이 아이들을 좋아하는 마음만 있다면 도전해 볼 수 있는 일이기도 하다.

또한, 직장처럼 상사의 스트레스가 없고 구조조정 걱정도 없는 안정적인 평생직장이다. 본인의 노력과 운영 노하우에 따라 얼마든지 1인 기업으로 성공할 가능성이 큰 사업이기도 하다.

이런 매력이 있다 보니 공부방 사업이 최고의 창업 아이템 중 하나이고 그 창업 수요가 계속될 수밖에 없다.

창업부터 운영까지 성공하는 공부방 지침서

다른 사업에 비해 쉽다고 해서 공부방 창업과 운영이 절로 되는 건아니다. 쉽다는 건 상대적일 뿐, 이 또한 창업이고 사업이다. 모든 창업이 그렇듯 기존의 사업자와 경쟁해야 하고 살아남아야 하는 일이다. 공부방 역시도 마찬가지이다. 막연히 '손해는 보지 않겠지'라는 생각으로 시작한다면 그냥 기존에 하던 일을 하는 것이 나을 수 있다. 공부방 사업은 지역 밀착형 사업으로 본인이 사는 지역의 학부모와 아이들을 상대하는 일이다. 따라서 선택은 신중하게, 준비는 철저하게 해야 실패하지 않는다. 5,000명이 넘는 공부방 사업 대상자들을 교육해 본 경험으로 볼 때 공부방 창업은 아는 만큼 성공하는 사업이다.

이 책은 공부방 창업의 실제적인 정보는 물론 창업 시 기본적으로 해야 하는 일들과 필요한 일들을 직접 생각해 보고 적용해보도록 구성했다. 공부방 창업의 꿈과 목표, 자신만의 교육 철학을 세워보고 자신이 사는 지역을 직접 분석하여 정리도 하게 될 것이다. 그리고 효과적인 홍보 방법뿐만 아니라 직접 홍보 문구도 작성해 보고 홍보 장소, 시기, 홍보 물품도 생각하여 계획을 세워본다. 학부모 상담과 회원 관리 역시 실전에 활용할 수 있는 핵심 포인트와 프로세스를 제시하고 실제 상황을 예로 적용해 볼 수 있는 상담 문구를 제공하여 도움이 되도록 하였다. 이뿐 아니라 공부방 성패에 가장 중요한 수업, 즉 좋은 수업을 위해 어떤 고민을 해야 하는지, 아이들의 흥미와 학습 능력을 높일 수 있는 수업 방법은 무엇인지도 구체적으로 제시했다.

이 책은 한 번 읽고 나서 책꽂이에 꽂아 두는 책이 아니다. 공부방을 창업하고 운영하는 내내 옆에 두고 활용하도록 했다. 그런 만큼 책을 읽는 자체만으로도 자신의 공부방 창업 계획서가 될 것이며 성공하는 공부방의 실전 지침서가 될 것이다. 이 책과 함께 창업은 쉽고 성공은 빠른 우리 동네 1등 공부방에 도전해 보기를 바란다.

공부방 선생님들을 응원하며
유경숙

- 1장 -

시작부터 차원이
다른 공부방

꿈을 꾸는 사람

꿈을 가지고 자신의 운명 앞에 당당히 맞서라.
꿈이 있다면 시련은 장애물이 아니다.

꿈을 날짜와 함께 적어 놓으면 그것은 목표가 되고
목표를 잘게 나누면 그것은 계획이 되며
그 계획을 실행에 옮기면 꿈은 실현되는 것이다.

어떤 일을 시작하는 사람들을 볼 때 그 사람의 성공 여부를 쉽게 단정 지을 수는 없지만, 어느 정도 가늠해 볼 수 있는 척도는 있다. 어떤 꿈과 목표를 세우고 그에 따른 계획을 얼마나 구체적으로 가지고 있느냐가 바로 그것이다. 공부방 사업을 시작할 때 처음부터 실패를 생각하는 사람은 아무도 없다. 누구나 대박 공부방을 목표로 자신이 연봉 1억의 주인공이 될 수 있다는 꿈을 꾼다. 그 꿈을 품고 3개월 정도 열심히 도전한다. 하지만 생각했던 만큼 쉽지 않은 난관에 부딪히면서 자신의 선택을 의심하기 시작한다. 과연 이 일을 잘 선택한 것일까? 계속해도 되는 일일까? 시간을 더 허비하기 전에 다른 일을 다시 찾아봐야 하는 것은 아닐까 등, 처음 공부방 사업을 해보려고 알아보던 그 시점의 상태로 되돌아가 있는 경우를 보게 된다.

열심히 하는데도 결과가 나오지 않아 답답한 나머지 왜 안 되는 거냐고 하소연을 하는 분들이 있다. 그런 분들께 다음 3가지를 생각해

보라고 말하고 싶다.

첫째, 공부방 사업을 왜 하려고 했는지, 자신의 출발점이 어디였는지, 다시금 스스로 되물어 보아야 한다. 철학자 프리드리히 니체는 말했다. "왜 살아야 하는지 이유를 아는 사람은 어떤 어려움도 견뎌 낼 수 있다." 공부방 사업의 어려움 앞에서 포기라는 단어가 생각난다면 왜 다른 일이 아닌 반드시 공부방 사업을 하려고 했는지 명확한 이유가 없었기 때문이다. 공부방 사업을 선택한 명확한 이유가 없다면 굳이 공부방이 아닌 다른 일을 해도 된다는 생각에 젖어 있다는 말이다. 그런 생각이 있는 사람은 당연히 자신이 선택한 일에 집중하지 못한다.

둘째, 간절하게 이루고 싶은 공부방 사업의 목표가 있는지 점검해 보아야 한다. 연봉 1억의 꿈은 누구나 꿀 수 있지만 아무나 이루어지는 것은 아니다. 우선 연봉 1억이라는 목표를 왜 정했는지 생각해보고 그 목표를 이루기 위해 장기 목표와 단기 목표는 어떻게 세웠는지 살펴보아야 한다. 그리고 그 목표에 따른 세부적인 계획을 스스로 점검했는지 확인해 보아야 한다. 열심히 했다고 하는 사람들을 보면 대체로 열심의 기준이 없다. 그 이전에 하던 일보다 열심히 했다고 해서 공부방 사업이 잘될 거라는 생각은 착각이다.

그냥 무작정 열심히 하는 것이 중요한 것이 아니라 하려고 하는 일에 대한 구체적인 목표와 계획에 따른 '열심'과 '제대로'하는 것이 중요하다.

셋째 자신이 하기 어렵고 힘든 방법으로 공부방 사업을 하는 것은 아닌지 생각해 보아야 한다. 예를 들어 체력이 따라주지 못하는데 매일 전 세대에 전단을 돌리고 있는 것은 아닌지, 동네 엄마들과 관계 맺기를 잘하는 사람이 공부방 사업 홍보는 현수막이나 전단지만 하는 것은 아닌지 생각해봐야 한다. 사람들은 저마다 자신이 잘할 수 있는 부분이 있다. 부족한 부분을 보완하는 것도 중요하지만, 자신이 잘할 수 있는 자신만의 무기를 찾아 일을 즐겁고 재미있게 하는 것이 지치지 않고 오래 하는 방법이다.

끝으로 가장 안타까운 것은 꿈만 꾸고 있는 선생님들과 꿈조차 없는 선생님들이다. 공부방 선생님들은 아이들에게 꿈과 목표를 시시때때로 제시해주는 사람들이어야 한다. 그런데 꿈과 목표가 없는 선생님이 아이들에게 어떻게 꿈과 목표에 대한 동기를 부여할 수 있겠는가? 다른 일도 마찬가지겠지만 꿈과 목표가 공부방 창업의 시작이요, 성공의 첫 디딤돌이다. 튼튼한 디딤돌이 되는 꿈과 목표를 다시한 번 더 진지하게 생각해 보기를 바란다.

왜 공부방을 하려고 하는가?

공부방을 창업하려는 사람들의 이유는 다양하다. 졸업 후 취업을 고민하다가 선택하는 경우부터, 가사에 집중하고 있다가 조금 여유로워진 나이에 자아실현을 위해 도전하는 사람, 교육과 육아에 대한 해결책으로 공부방을 선택하는 직장맘, 기존 직장의 과도한 스트레스나 매너리즘에서 벗어나고 싶어 새로운 분야에 도전하고 싶은 사람, 같은 교육 계통에 종사했으나 특별한 돌파구나 방향 전환이 필요한 사람 등등이다. 이렇게 다양한 사람들이 공부방 사업이라는 출발선 앞에 서 있다.

그들의 출발선은 과연 똑같을까? 대부분은 다르다고 말한다. 아무래도 자녀가 없는 취업 준비생보다 자녀가 있는 직장맘이 더 유리하지 않을까 생각하고, 어린 자녀를 키우면서 공부방을 해야 하는 사람보다 자식들이 성인이 되어 신경 쓸 일이 없는 사람이 더 낫지 않을까? 생각한다. 또한, 아이들을 가르쳐 본 경험이 적은 사람보다 학원이나 방과 후 또는 학습지 교사의 경험이 있는 사람이 훨씬 유리하다고 생각한다. 물론 단기적으로는 그럴 수 있는 요소들이 있다. 그러나 장기적으로 보았을 때 공부방 사업의 성공과 실패는 이런 요인들로 결정되지 않는다.

공부방 창업의 출발선을 점검하라는 것은 '왜 이 일을 하려고 하는 가?'와 맞닿아 있다. 사람들은 어떤 일을 시작할 때 어떻게 해야 하는지와 무엇을 해야 하는지를 중요하게 생각한다. 하지만 그것보다 그 일을 왜 하고자 했는지에 대한 목적의식, 즉 신념이 더 중요하다.

TED 강연으로 유명한 사이먼 사이넥 역시 그의 저서에서 '왜(Why)' 라는 목적의식을 가지고, 이 목적을 실현하기 위해 '어떻게(How)' 할 것인가에 대한 방법을 생각해야 하며, 그 목적을 실현한 결과로 '무엇을(What)'이라는 행동을 해야 한다"고 말한다.

나의 경우 학원 경험도 있었고 고등학생을 대상으로 개인지도를 오랫동안 했다. 경제적 수입이 매우 만족할 만한 수준이었고 고등학생들에게 단순히 성적을 올려주는 선생님이 아니라 공부 멘토 역할로서 보람을 느끼고 있던 일이었다. 이렇게 만족하고 있던 내가 공부방을 하게 된 이유는 세 아이의 육아와 교육 때문이었다. 또한 개인지도 선생님으로서의 비전에 한계가 느껴지는 것도 작용했다.

그러나 막상 공부방을 시작하고 보니 경제적 수입의 차이가 너무 많이 나고 기존에 하지 않아도 되었던 홍보를 해야 한다는 부담이 밀려왔다. 그러면서 공부방 사업을 다시 고려해봐야 하는 것 아닌가, 고민을 했던 적이 있다. 그때 흔들리는 마음을 바로잡게 된 것은 내가 '이 일을 왜 하려고 하는가?'에 대한 질문을 스스로 던져 본 영향이 컸다. 공부방 사업을 시작할 때 목적은 공부방 사업으로 돈을 많이 벌겠다는 것이 아니었다. 아이들을 잘 키우면서 나의 또 다른 꿈에 도전하기 위해서였다. 그 이유가 명확해지니 다시 생각을 바꾸게 되었고 나에게 낯설고 입이 떨어지지 않는 홍보를 해야 하는 것이 더 이상 두려움이나 부끄러움이 되지 않았다.

아직도 공부방 사업을 왜 하려고 하는지에 대한 명확한 이유가 서 있지 않다면 다시 한 번 깊게 고민하고 생각해 보기를 권한다. 그리고 각각의 출발점에서 자신이 혹시 이런 상황이 아닌지 점검해 보기 바란다.

기존 경험(학원, 학습지, 방과 후 등)이 있는 경우

공부방 사업에서 학원이나 학습지, 방과 후 교사 등의 경험이 있는 사람들은 그 경험이 득이 되기도 하지만 간혹 독이 되기도 한다. 기존 경험은 분명히 유리한 점이 있다. 그러나 기존에 하던 일과 비슷하다는 생각 때문에 무언가 더 배우려 하지 않는다거나 여차하면 다시 예전의 하던 일로 되돌아가려고 하는 경향을 띤다. 기존에 하던 일에서 분명히 만족하지 못했던 부분이 있어서 공부방 사업을 선택했음에도 불구하고 그 이유는 사라지고 자존심만 세우며 자만심에 차서 안 되는 이유만을 열거한다. 이런 경우 기존에 자신이 했던 성공과 실패의 경험에 갇혀있지 말고 조금은 벗어나서 생각할 필요가 있다.

교육과 육아 두 마리 토끼를 잡으려는 경우

이 경우는 처음부터 교육과 육아를 완벽하게 해내리라는 욕심을 내려놓고 시작하는 것이 좋다. 공부방 창업도 사업이기 때문에 초창기 자리 잡을 때까지 안팎으로 열심히 뛰어다닐 일이 많다. 그러다 보면 공부방 창업을 하면서 오히려 아이에게 소홀해지는 경우도 발생한다. 이때 괜히 창업을 시도했나 후회나 고민을 하기 전에 아이를 잘 돌보는 것이 목적이었는지, 잘 가르치는 것이 목적이었는지, 잘 교육하는 것이 목적이었는지 생각해 보아야 한다. 자신이 아이를 어떻게 키우고자 하는지 명확한 방향과 명분이 없으면 결국 창업, 교육, 육아라는 세 마리 토끼를 다 놓치게 된다. 따라서 교육과 육아에 대해서는 근시안적이 아닌 장기적인 안목으로 생각해야 한다.

새로운 도전으로 시작하는 경우

　새로운 분야에 도전하는 사람들의 태도는 두 부류로 나뉜다. 열정이 가득 차서 적극적으로 임하는 사람들과 과연 잘할 수 있을까 자신 스스로 의심하고 자신감이 떨어져 걱정과 근심으로 가득 차 있는 사람들이다. 열정이 넘치는 사람들의 경우 공부방 창업에 대한 이유가 분명하지 않고 목표가 분명하지 않으면 그 열정이 금방 식어 버린다. 일어나지도 않은 일에 대한 불안과 걱정으로 시작하는 사람 역시 자신이 왜 이 일을 선택했는지 확신이 없으니 작은 어려움에 부딪히면 극복하려고 하기보다는 피하려고 한다. 새로운 도전으로 공부방 창업을 생각했다면 기본적으로 무엇이든지 열심히 배우겠다는 자세와 태도가 기본이다. 또한 나는 할 수 있다는 자신감과 반드시 잘 해내리라는 의지가 필요하다.

사업이 아니라 아르바이트처럼 생각하는 경우

경제적으로 여유롭지 않음에도 그냥 천천히 조금씩 시작해 보겠다고 이야기하는 선생님들이 있다. 이런 분들은 크게 욕심부리지 않고 하루에 몇 시간 정도만 아이들과 수업하면서 스트레스를 받지 않고 일을 하고 싶다는 생각이 크다. 하지만 한 명을 가르치든 열 명을 가르치든 스트레스를 받지 않는 일은 없다. 아르바이트는 주인이 하라는 대로 하면서 시간만 채우면 되는 일이다. 그러나 공부방 창업은 하나의 사업이므로 성공하고 싶다면 선택과 집중이 중요하다. 아르바이트처럼 할 생각이라면 동네에서 하는 학습 자원봉사를 하며 보람이라도 느끼는 것이 더 낫다.

창업이 아니라 취업이라고 생각하는 경우

요즘 취업하기가 하늘의 별 따기다. 고민 끝에 투자와 리스크가 거의 없는 공부방 창업에 문을 두드리는 20대들이 있다. 이들은 취업 준비보다 오히려 창업이 더 쉽다고 생각할 수 있다. 취업하기 위해 대단한 스펙을 쌓아야 하는 것이 아니고, 엄청나게 까다로운 면접을 준비해야 하는 것도 아니기 때문이다. 그러나 공부방 창업이 간절한 이유가 아니라 하나의 돌파구로 선택하다 보니 공부방 창업을 결정했으나 구체적으로 어떻게 해야 하는지 헤매는 경우가 있다. 직장에 취업하면 할 일이 어느 정도 정해지지만, 창업은 해야 할 일을 스스로 생각하고 찾아야 한다. 자신이 취업이 아닌 창업을 한 이유가 명확해야 자신이 갈 길도 또렷해진다는 것을 알아야 한다.

창업은 목적지 없는 여행이 아니다

여행을 떠날 때는 목적지가 없는 여행을 가도 좋다. 일상 탈출이 목적이라면 어디를 가야 하는지는 중요하지 않기 때문이다. 그러나 출장을 떠날 때는 다르다. 가야 하는 목적지가 있으며 달성해야 할 목표가 있다. 공부방 창업은 목적지 없는 여행을 가는 것이 아니다. 출장을 가는 것처럼 반드시 목적지와 목표가 있어야 한다.

'시작이 반'이라는 말이 있다. 시작이 반이니 일단 당장 시작하라고 독려하기도 한다. 고민하는 시간을 줄이라는 의미이다. 여기서 한 가지 생각해야 하는 것은 가야 하는 곳이 정해졌을 때 시작이 반이 될 수 있다는 것이다. 목적지 없이 무조건 출발하면 방황하기 마련이고 방황하다 보면 목적지에 도달하기도 전에 포기하게 된다. 결국 목적지 없는 시작은 반이 아니라 실패로 가는 지름길이 된다. 공부방 창업의 목적지는 크게 두 가지로 관점으로 생각해야 한다.

1인 기업의 마인드로 공부방의 비전 그리기

공부방 선생님들은 선생님 호칭에는 익숙하지만, 사장님이라는 호칭은 어색하게 받아들인다. 왜 그럴까? 아이들을 가르치는 일은 사업이 아니라 교육이라는 생각이 크기 때문이다. 이런 생각은 아이를 대상으로 장사하는 것이 아니라는 자신들의 교육업에 대한 자부심의 표현이기도 하다. 그러나 분명한 것은 공부방 선생님은 교육자이면서 사업가이다. 선생님들은 아이들을 가르치는 일만 하는 것이 아니라 고객인 학부모와 학생에게 홍보하고 상담하고 관리한다. 기업에서 고객을 대상으로 홍보, 상담, 관리하는 것과 다르지 않다. 따라서 공부방을 창업할 때 교육 사업가로서 1인 기업의 마인드가 필요하다.

1인 기업의 CEO 마인드로 자신이 창업하는 공부방을 어떻게 운영할 것인지, 기업에서 기업의 창업 정신, 즉 비전을 만드는 것처럼 공부방의 비전을 만드는 것이 중요하다. 이 비전이 제대로 세워질 때 스스로 일에 대한 명분을 세우게 되고, 자신만의 공부방 브랜드 이미지가 만들어진다. 공부방을 창업하려는 동네를 살펴보면 공부방은 수도 없이 많다. 그러나 비전이 있는 공부방은 흔치 않다. 공부방을 홍보할 때 자기의 능력을 홍보하는 것이 아니라 공부방의 비전으로 홍보하고 상담하고 관리한다면 어떤 시련이 와도 흔들리지 않는다.

그렇다면 공부방의 비전을 어떻게 만들 것인가? 비전을 만드는 것은 심오하고 철학적이고 어려운 것이 절대 아니다. 월트 디즈니에서는 신입사원 교육과정에서 교관이 이런 질문을 한다고 한다. "맥도날드는 햄버거를 만듭니다. 디즈니는 무엇을 만듭니까?" 정답은 '디즈니는 사람들에게 행복을 만들어 줍니다'이다. 디즈니는 사람들에게 행복을 판다. 그 사람이 누구이든, 무슨 일을 하든, 피부색이 어떻든 그런 것이 중요한 것이 아니라 사람들에게 행복을 주려고 일한다는 신념을 사원들에게 심어준다. 연수 교재에 이런 내용도 있다고 한다. "우리는 피곤해질 수는 있어도 결코 따분해져서는 안 됩니다. 정직한 미소를 지으십시오. 그것은 우리의 내면에서 우러나는 것입니다. 당신의 미소에 우리가 급여를 지급하고 있다는 사실을 기억하십시오." 이 얼마나 단순하고 명쾌하며 멋진 비전인가?

교육은 무엇보다도 소명 의식이 중요한 일이다. 공부방의 비전에 자신의 소명을 담아야 아이들을 가르치는 일에 책임을 다하게 된다. 그것이 학부모와 아이들에게 제대로 전달될 때 자신이 꿈꾸는 성공하는 공부방이 되는 것이다. "한 아이를 키우기 위해서는 온 마을이 필요하다"라는 아프리카 속담이 있다. 공부방 선생님은 자신이 사는 지역에서 아이를 키우는 일을 하는 사람이다. 아이를 가르치는 일은 나라의 인재를 키우는 일이며 더 나아가 아이의 미래를 책임지는 일이기도 하다. 공부방 선생님들이 아이들을 가르치는 일에 소명 의식이 없다면 공부방 운영은 할 수 있으나 선생님으로서의 보람과 행복은 느끼기 어렵다. 공부방의 창업 비전에 자신의 소명을 담아 보기 바란다.

구체적인 공부방 성장의 목표 세우기

선생님들은 시험 기간이면 아이들에게 도전하는 목표 점수를 물어본다. 아이들이 우물쭈물하거나 대답하지 못하면 목표 점수를 스스로 정하도록 유도하고 그 목표 점수를 받을 수 있도록 지도하고 격려한다. 목표 점수를 정해 놓고 공부하는 아이와 그렇지 않은 아이의 차이, 목표에 따른 구체적인 계획을 세우는 아이와 그렇지 않은 아이의 차이, 구체적으로 세운 계획을 실천하는 아이와 그렇지 않은 아이의 차이가 어떠한지를 선생님들은 잘 안다.

지금 당장 자신에게 물어보라. 나는 공부방 창업이라는 시험에서 몇 점을 목표로 하고 있는가? 그리고 그것을 위해 어떤 계획을 세우고 있는가? 또한 지금 무엇을 실천하고 있는가? 이에 답이 없다면 공부방 창업 시험은 빵점이다. 빵점이라 해서 실망할 필요는 없다. 빵점에도 시험의 기회가 늘 있듯이 다시 목표를 세우면 된다.

공부방 성장의 목표를 세울 때는 기본적으로 생각해야 하는 부분이 있다.

첫째, 정확한 수치로 표현해야 한다.

대충 월 얼마 정도가 아니라 회원당 수업료와 교재비를 정하여 월 공부방 운영 지출 비용을 제외하고 난 금액을 기준으로 목표를 정한다. 막연히 회원 수로 정하기도 하는데 과목에 따라 수업료에 따라 달라지므로 월 고정지출비를 뺀 나머지 순수 이익 금액을 기준으로 계산해야 한다.

공부방 운영 예상 매출과 영업 이익 예시

공부방 학생 수 목표	학생: 15명(초등: 10명/중등: 5명)	2023년 1월: 10명
		2023년 2월: 5명
공부방 수강료	초등 수학 주 5일: 180,000원	
	중등 수학 주 3일: 220,000원	
공부방 교재비	교재비 별도	
공부방 매출	초등 1,800,000원	총매출 2,900,000원
	중등 1,100,000원	
공부방 지출	프린터 대여비 50,000원	총지출 400,000원
	홍보비 200,000원	
	간식비 50,000원	
	교재 구입비 100,000원	
총 영업 이익	2,500,000원	

둘째, 기간을 설정해야 한다.

장기간, 단기간 목표 설정이 필요하다. 단기간은 3개월 단위로 설정하되 학기 초나 학년 초, 시험 기간의 이슈를 적용하여 시기에 따른 목표와 전략을 고려하여 목표를 설정한다. 공부방 사업은 시기적 이슈에 따라 회원들의 들어오고 나가는 수가 달라지므로 무엇보다 시기적 전략을 고려한 기간 설정이 중요하다.

셋째, 실현 가능한 목표를 세워야 한다.

실현 가능한 목표라고 해서 무조건 목표를 높게 잡지 말라는 말은 아니다. 그보다 먼저 실현 가능한 목표가 되려면 현재 자신의 상황을 먼저 분석해야 한다. 그 동네에 이사 온 지 얼마 되지 않아 지역 파악부터 해야 한다면 초기 목표가 낮을 수 있다. 그러나 공부방의 위치가 학교와 매우 가깝고 아파트 단지가 밀집된 곳이라면 목표를 높게 잡을 수도 있다. 현재 자신의 상황 분석을 하는 방법은 다음 내용에서 구체적으로 알아보겠다.

넷째, 목표를 가시화해서 늘 스스로 동기를 부여해야 한다.

공부방 창업 초기 3개월은 대부분 열심히 한다. 그러나 그 이후 성장에 진전이 없으면 자신이 무엇을 목표로 했는지 모르고 잘되지 않는 이유에 매달리면서 정체기가 온다. 하지만 그 정체기에 자신을 자극할 수 있는 목표가 집안 곳곳에 가시화되어 있으면 다시 작은 계획이라도 세우고 실천하게 된다.

다섯째, 행동 목표에 따른 결과목표를 구체화해야 한다.

예를 들어 전단지 홍보를 나갔다면 몇 장을 만들어서 몇 장을 뿌리고 몇 건의 가망고객 소스를 받아서 몇 건의 상담을 할 것인지 구체적으로 목표를 세워야 한다. 이런 것들이 데이터로 쌓이면 다음에는 홍보 결과가 예상된다. 결과가 예상되면 다음 목표 설정을 더 구체적으로 할 수 있다.

성공에 다가서는 상황 분석과 강점 찾기

　텔레비전에 나오는 가수들을 보면 모두가 노래를 잘하지는 않는다. 어떤 가수는 고음을 잘 부르고 또 어떤 가수는 저음을 잘 부른다. 어떤 가수는 춤을 잘 추기도 한다. 공부방을 창업하는 이들 역시 모든 면에서 타고난 능력으로 완벽하게 준비해서 시작하지는 않는다. 하지만 다른 사람이 가지고 있지 않은 남다른 강점이 있다면 경쟁력이 생겨서 공부방 창업에 자신감을 얻을 수 있다.

　미국의 경영학자 피터 드러커는 인간의 성과 창출 능력은 약점이 아니라 강점에 달렸다고 말했다. 앞에서 언급한 것처럼 목표를 세우고 달성하기 위해서는 무작정 일에 덤벼드는 것이 아니라 자신이 현재 상황을 정확히 분석해 보고 자신의 강점을 활용하여 목표를 향한 성과를 만들어야 한다.

　자신의 상황을 분석하는 방법에는 무엇이 있을까? 보통 기업에서는 마케팅 전략을 세우면서 시장 상황을 분석하기 위해 환경을 중심으로 분석하는 SWOT 분석을 활용한다. 공부방 창업도 1인 기업이라 할 수 있다. 그러므로 실패의 위험을 줄이기 위해서는 자신의 현재 상황을 분석해 볼 필요가 있다.

SWOT 분석은 내부 환경과 외부 환경 두 가지 요소를 중심으로 분석한다.

내부 환경

- 강점(strength): 자신이 잘하고 있는 것이나 잘할 수 있는 것 (예: 수학을 잘 가르친다.)
- 약점(weakness): 자신이 잘하지 못하는 것이나 할 수 없는 것 (예: 사람들과의 친화력이 부족하다.)

외부 환경

- 기회(opportunity): 목표와 관련하여 본인에게 도움이 될 수 있는 외부 환경(예: 수학 혁신학교가 주변에 있다.)
- 위협(threat): 목표와 관련하여 본인에게 불리하거나 위협이 될 수 있는 외부 환경(예: 주변에 수학 학원이 많다.)

다음의 표에 직접 적으면서 조금 더 구체적으로 생각해 보자.

내부 환경	외부 환경
강점(Strength)	기회(Opportunity)
약점(Weakness)	위협(Threat)

위의 내용을 바탕으로 4가지 전략을 세워 볼 수 있다.

① 강점 기회 전략: 강점을 최대한 살리면서 기회를 포착한다
(예: 수학 혁신학교에 맞는 창의 사고력 수학 공부방 콘셉트로 차
별화한다).

② 강점 위협 전략: 강점을 살리면서 위협을 회피하거나 최소화한다
(예: 기존 학원에서 사용하지 않는 거꾸로 교실 수업을 활용한다).

③ 약점 기회 전략: 약점을 보완하면서 기회를 포착한다
(예: 친화력이 부족하므로 학교 활동을 적극적으로 한다).

④ 약점 위협 전략: 약점을 보완하면서 위협을 피하거나 최소화한다
(예: 친화력이 부족하므로 전문적인 교사의 이미지를 만든다).

그런데 공부방을 창업할 지역의 상황을 분석하기 전에 자신이 가
지고 있는 가장 큰 무기가 될 수 있는 강점을 찾아보아야 한다. 막상
적다 보면 나의 강점이 생각처럼 많이 떠오르지 않을 수 있다. 하지
만 시간을 두고 생각날 때마다 하나씩 강점을 적어 보는 것이 좋다.
잘 떠오르지 않는다면 다음의 낱말에 체크해 보면 나의 강점 찾기에
도움이 될 것이다.

강점	체크	강점	체크
표정이 밝다		목소리에 자신감이 있다	
인내심이 강하다		사람들과 친화력이 있다	
인정이 많다		손재주가 있다	
배우기를 좋아한다		개방적이다	
잘 웃는다		잘 참는다	
인사를 잘한다		아이들을 잘 가르친다	
협동을 잘한다		리더십이 있다	
약속을 잘 지킨다		아이들을 좋아한다	
다른 사람의 말을 잘 듣는다		도전적이다	
인상이 좋다		판단력이 빠르다	
낯을 가리지 않는다		감성이 풍부하다	
열정이 있다		글을 잘 쓴다	
차분하다		계획적이다	
분석적이다		체력이 강하다	
유머 감각이 있다		정보 수집을 잘한다	

　자신이 정리한 강점 중에서 공부방 창업 시 무기가 될 만한 요소를 찾아 어떻게 활용할지 생각해 본다. 예를 들어 '낯을 가리지 않는다'가 강점이라면 홍보에 강점이 될 수 있다. '가르치는 걸 좋아한다'가 강점이라면 수업에 강점이 될 수 있다. 강점을 찾아서 그 강점을 최대화할 방법은 무엇인지 고민한다면 공부방 창업에 대한 두려움이 자신감으로 바뀌어 나만의 무기가 될 수 있다.

교육 철학과 원칙 없이는 성공도 없다

공부방을 제대로 운영하는지는 무엇보다 운영의 교육 철학과 원칙 여부로 판단할 수 있다. 물론 교육 철학과 운영 원칙이 없다고 해서 창업을 할 수 없다거나 공부방 운영이 안 되는 것은 아니다. 그러나 공부방을 운영하며 교육 철학이 없다는 것은 기업가가 사업을 하면서 경영 철학이 없다는 말과 같다. 경영 철학이 없는 회사는 위기가 닥쳤을 때 쉽게 흔들린다. 경영 철학이 없으면 자신이 하는 일에 대한 자부심과 긍지를 찾기 어렵고, 자부심과 긍지가 없으면 그 일을 멀리 보고 할 수 없기 때문이다. 무슨 일이든 멀리 보지 않으면 작은 위기에도 쉽게 흔들리고 안정적으로 정착하기가 쉽지 않다.

공부방 운영 원칙은 자신과의 약속인 동시에 아이를 보내는 학부모와의 약속이요, 공부하는 아이와의 약속이기도 하다. 초창기에는 운영 원칙이 없어도 별다른 차이를 느끼지 못할 수 있다. 하지만 시간이 지날수록 허울만 좋은 공부방이 될 우려가 있다. 이런 공부방은 규모가 커지더라도 오래가지 않아 무너질 수밖에 없다. 따라서 창업을 준비하면서 교육 철학과 원칙을 세우는 것이 중요하다. 철학과 원칙은 추후 공부방을 홍보할 때나 학부모를 상담하고 회원을 관리할 때, 효율적인 공부방 운영의 기준이기도 하다. 그렇다면 어떻게 교육 철학과 운영 원칙을 세워야 할까?

공부방 교육 철학 세우기

교육 철학은 미래 지향적이며, 자신의 교육관과 삶의 가치를 담는 것이 좋다. 자신이 지도하는 아이들의 미래가 어떤 모습이기를 바라는지, 그리고 아이들에게 어떤 선생님으로 최선을 다할 것인지 생각해 보면 그리 어렵지 않다. 다음에 열거된 예시를 살펴보면서 생각을 정리해 보자.

예시 1

1. ㅇㅇ공부방 아이들은 미래의 꿈나무이다.
2. ㅇㅇ공부방 아이들은 미래의 주인공이다.
3. ㅇㅇ공부방 아이들은 행복한 1등이다.
4. ㅇㅇ공부방 아이들은 생각이 자라는 아이들이다.
5. ㅇㅇ공부방 아이들은 미래의 창의적 리더이다.

예시 2

1. 나는 꿈 지지자 선생님이다.
2. 나는 아이와 성장하는 선생님이다.
3. 나는 아이의 학습 등대이다.
4. 나는 아낌없이 주는 선생님이다.
5. 나는 아이들과 함께 배우는 선생님이다.

교육 철학을 세우는 것이 어렵다면 자신이 만들고 싶은 공부방의 이미지를 만들어 보도록 한다. ○○아파트 102호 공부방으로 공부방의 이미지를 만들고 싶은가? 당연히 그렇지는 않을 것이다. 학습지도 대상과 가르치는 과목에 맞는 이미지를 그려 보자. 그 안에 자신의 교육 철학이 담겨 있으면 된다.

예를 들어 논술 공부방은 '생각을 디자인하는 ○○논술', 수학을 중심으로 한 공부방은 '재미와 실력 잡는 거꾸로 수학 ○○'와 같이 고객에게 어떤 서비스를 제공할지를 명확하게 하면 공부방 이미지가 잘 드러나 홍보의 효과까지 있다. 앞에 언급한 예시처럼 공부방 교육 철학이 대단히 거창하지 않아도 된다. 누군가 선생님의 교육 철학은 무엇이냐고 물었을 때 언제 어디서라도 대답할 수 있는 가치가 담긴 한 문장이면 충분하다.

공부방 운영 원칙 세우기

공부방을 성공적으로 운영하기 위해서는 공부방 운영의 중요한 원칙이 있어야 한다. 공부방을 창업하면서부터 원칙을 정하고 그에 알맞은 표준화 시스템을 만들어 가는 것이 중요하다. 표준화 시스템은 홍보, 상담, 관리 시스템으로 나누어 볼 수 있다. 하지만 표준화 시스템은 단시일에 만들어지는 것은 아니다. 공부방을 운영하면서 활동한 결과가 데이터가 되고 그 데이터의 결과가 쌓이면서 표준화된 시스템의 기반이 되기 때문이다. 따라서 공부방을 창업하면서 꾸준하게 작용할 기본적인 운영 원칙을 만들고, 차츰 그 지역의 특성을 고려하여 효율적인 운영 원칙을 만들어 가야 한다. 반드시 만들어야 할 운영 원칙은 다음과 같다.

수업 시간표 및 회원 관리 원칙

이런 원칙 없이 상담이 들어올 때마다 상황에 따라 운영하다 보면 아이들이 수업에 오는 시간이 들쑥날쑥하게 되고 교재 역시 기존에 사용하던 교재를 계속 사용해 달라는 요구를 받는 경우도 발생한다. 학부모나 회원 관리의 경우도 매달 보내는 가정 통신문, 분기별 간담회, 체험 학습 운영 등 주기적으로 계획하고 있는 것들을 원칙으로 정하고 운영하는 것이 좋다. 이 원칙이 잘 지켜져야 고객의 신뢰를 얻고 자연스럽게 입소문이 나는 공부방이 된다.

수업 시간에 적용하는 수업 운영 원칙

공부방에서의 화장실이나 식수 이용 원칙, 발표 시 지켜야 하는 원칙, 숙제에 대한 원칙 등이 정해져야 한다. 이런 원칙이 있어야 아이들이 우왕좌왕하지 않고 학습에 집중할 수 있는 분위기를 만들어 준다. 여기에 한 가지 덧붙여 아이들의 공부 습관을 만들어 주기 위한 원칙을 무엇으로 만들면 좋을지 생각해 보는 것도 필요하다.

근무 시간과 수업 복장 원칙

공부방은 주로 집에서 운영하다 보니 직장처럼 출퇴근에 대한 개념이 없고 마음가짐이나 복장에 대해 자유로울 수 있다. 그러나 집에서 하는 일이기 때문에 오히려 더 신경을 써야 하는 부분이 출퇴근 시간과 복장이다. 출퇴근 시간을 정하지 않으면 일과 가사가 구분되지 않아 24시간이 계속 일의 연장이 되고 만다. 그러다 보면 일에 금방 지치게 되고 일과 가정 두 곳 모두 집중할 수 없다. 또한 직장이 아닌 집이라는 환경 때문에 일에 대한 긴장감도 떨어진다. 평상시의 편한 복장 그대로 수업하는 선생님도 많은데 정장까지는 아니더라도 일반 가정주부가 아닌 선생님으로서의 이미지는 있어야 한다. 그렇지 않으면 일에 대한 직업의식과 전문성이 드러나지 않아 상담 시에도 결코 좋은 이미지를 줄 수 없다.

공부방 창업 로드맵 만들기

1. 나의 공부방 창업 목적

다른 일이 아닌 공부방 창업을 선택한 명확한 이유를 생각해 보자.

나의 공부방 창업 목적은 이것이다

1.

2.

---

2. 나의 공부방 창업의 꿈과 목표

공부방 사업을 통해서 내가 꼭 이루고 싶은 꿈은 무엇인지 생각해 보고 그 꿈을 위해 도전하는 목표는 무엇인지 생각해 보자.

소중한 나의 꿈은 이것이다

1.

2.

3.

---

3. 꿈을 이루기 위한 구체적인 목표 로드맵

장기적인 목표와 단기적인 목표를 수치화하여 세워보자.

장기 목표		단기 목표	
6개월 후		1개월 차	
		2개월 차	
1년 후		3개월 차	
		4개월 차	
3년 후		5개월 차	
		6개월 차	

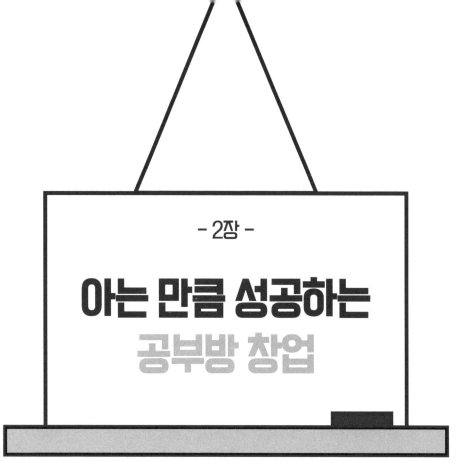

- 2장 -

아는 만큼 성공하는
공부방 창업

아는 만큼, 행동하는 만큼…

아는 만큼 보인다.
보이는 만큼 생각한다.
생각하는 만큼 행동한다.
행동하는 만큼 성공한다.

공부방을 창업한 지 4개월 된 선생님에게 들은 이야기가 있다. 그 선생님은 다른 지방에서 사는 동서가 공부방을 하면서 어느 정도 자리를 잡고 안정이 되자 자신에게도 권유하여 공부방을 시작했다고 한다. 처음 시작할 때는 아파트 단지도 크고 초등학교와 근접한 위치여서 오픈하면 어렵지 않게 운영이 될 줄 알았다고 한다. 그러나 생각 외로 고전을 면치 못하고 있다고 했다. 그 이유는 초등학교가 혁신학교로 지정되어 시험을 보지 않아 학부모들의 공부방 니즈가 크지 않았고, 이미 학교 주변에 초등을 대상으로 한 예체능 학원이 많이 포진되어 학부모들이 공부방을 중심으로 움직이기보다 예체능 학원을 중심으로 움직였기 때문이었다.

이 선생님의 사례는 공부방 창업 시 겉으로 보이는 조건만 생각한 나머지 그 지역을 면밀하게 조사하거나 그 지역에 맞는 전략 계획을 세우지 않아 어려움을 겪게 된 경우다. 공부방 사업은 지역 밀착형 사업으로 그 지역의 인구 구성, 학교 상황, 학부모의 교육 수준과 경제적 수준 등 지역의 수요 상황에 민감한 사업이다. 따라서 창업자가 공부방을 운영하고자 하는 지역의 학부모가 원하는 요구는 무엇인지 그 지역에서 필요한 시스템과 프로그램은 어떤 형태인지 파악하는 것이 무엇보다 중요하다.

아는 만큼 보이고 보이는 만큼 생각하게 된다는 말이 있다. 어떤 사업이든 그 사업의 특성을 얼마나 많이 잘 이해하고 있느냐가 그 사업의 성공 여부를 좌우한다. 세계적인 광고회사 사치앤사치의 CEO인 케빈 로버츠 사장은 중국 소비자들이 무엇을 원하는지 알기 위하여 7명의 연구인력을 중국 전역 2만 5,000마일이나 여행을 하도록 했다. 그들은 셀 수 없이 많은 집에 초대받고 여자들과 같이 일터에 가고 사람들의 냉장고를 뒤지고 10대들과 차를 마시고 가족들과 요리하고, 노래방에 가고 헤어진 연인들을 위해 함께 울었다고 한다. 그러고 나서야 중국 소비자들이 무엇을 원하는지 알게 되었다. 이 경험을 통해 로버츠 사장은 결국 문화를 존중하는 제품과 서비스를 개발하는 것이 바로 그들과 연결될 수 있는 중요한 요소임을 알았다고 한다. 그는 사업 시장을 알기 위해서는 보이는 만큼 보는 것이 아니라 시장 속에 직접 뛰어들어 철저하게 관찰하고 파악해야 함을 강조했다.

공부방 사업 역시도 사전에 제대로 준비하고 시작한다면 겪지 않아도 될 낭패를 줄일 수 있다. 그래서 공부방을 오픈할 지역에 대한 철저한 조사가 필요하다. 그 동네에서 오래 살았다고 해서 그 동네를 잘 알고 있다고 생각한다면 착각일 수 있다. 머릿속으로 그리는 것이 아니라 캐빈 로버츠 사장의 말처럼 자신의 정글이라고 판단한 지역을 몸으로 직접 겪어 보며 파악해야 한다. 그러고 나서 자신에게 맞는 운영 방식을 찾아보고 자신만의 차별화 전략을 세워야 한다.

어느 곳이 공부방 최적지일까?

예전만 해도 아예 모르는 생소한 곳을 찾아갈 때 지도를 사용하곤 했다. 그러나 GPS 기술이 보급되고 나서는 모두 내비게이션을 이용한다. 지도와 내비게이션의 목적은 같다. 바로 목적지에 어떻게 가야 하는지 알려 주는 것이다. 그런데 요즘은 지도를 거의 사용하지 않는다. 그 이유는 지도책을 가지고 다녀야 하는 불편함도 있겠지만 정보 제공의 정확성에서 내비게이션을 따라갈 수 없기 때문이다. 최근 사용되는 내비게이션은 길을 찾아가는 방법만 알려 주지는 않는다. 어떤 길로 가야 빠른 길인지, 유료로 가는 길인지 무료로 가는 길인지를 알려 주고 심지어 감시 카메라가 어디에 있는지도 알려 준다. 이런 기능이 바로 지도가 따라갈 수 없는 정보력이다.

지금 공부방을 운영할 장소를 중심으로 반경 3km 이내의 지역이 자신의 머릿속에 그려지는가? 평소 공간 지각 능력이 뛰어난 사람이라면 어느 정도 그려질 것이다. 기본적으로 큰 건물이나 대형 마트, 병원, 학교, 관공서 등이 그려지고 평소 잘 가는 미용실이나 은행 그리고 음식점 등이 그려질 것이다. 여기에 만약 자녀가 있다면 자녀가 다니는 학원도 생각해 볼 수 있다. 이런 정도의 정보가 떠오른다면 현재 자신이 공부방을 창업하면서 내비게이션이 아니라 지도를 가졌다고 보면 된다. 기존에 머릿속에 가지고 있는 자신 지역의 정보는 그 지역의 주민으로서 생활 정보에 불과하기 때문이다.

공부방 사업자라면 공부방 창업과 운영 정보가 필요하다. 그렇다면 어떤 정보를 파악하고 있어야 할까? 다음은 공부방 창업과 운영에 기본적으로 꼭 알아야 할 해당 지역 내비게이션 정보이다.

공부방 창업 입지 조건 파악

기존에 살던 곳이 아니라 공부방 창업을 고려해 주거지를 선택해야 한다면 공부방 입지 조건을 분석해 창업하는 것이 실패를 줄이는 방법이다. 공부방 창업 입지 조건으로 가장 중요한 것은 학생 수를 결정하는 학교 수와 주거 단지 세대 수다.

따라서 공부방을 중심으로 1km 이내에 2개 이상의 초등학교, 1개 이상의 중학교를 끼고 있는 곳이 좋다. 포털사이트 지도를 검색해 찾아보면 2개의 초등학교를 끼고 있는 지역은 의외로 많다. 인접 초등학교가 3개면 가장 좋은 지역이다. 아파트 세대수나 주거지역 세대수의 기준은 아파트 세대수는 1,000세대 이상, 주변 주거지역 3,000세대 이상의 거주지 정도가 될 때 학생 수가 어느 정도 확보된다. 만약 아파트 단지라면 중소형보다 중대형 아파트 단지를 선택하는 것이 수업료 책정에 유리하다. 물론 나홀로형 아파트나 빌라 주택단지에서 독보적으로 잘하는 선생님의 사례도 있다. 이런 사례는 관리 노하우가 뛰어난 경우나 경력이 많고 이미 오랫동안 선점해 운영한 분들이 대부분이다.

새로운 곳에서 공부방 창업을 시도한다면 반드시 현장 답사를 해야 한다. 지도상 아파트 세대 수와 학교 수가 적절하더라도 주변 학원이나 도로 시설, 유동 인구나 지역 분위기가 파악되지 않으면 좋은 지역이라고 생각했던 곳이 의외로 아닌 곳일 수도 있기 때문이다.

학교 현황 및 주변 지역 파악

학교의 현황도 자세히 파악할 필요가 있다. 전체 학생 수가 몇 명인지, 학급 수는 어떻게 되는지, 방과 후 활동은 어떤 것들이 이뤄지는지 살펴봐야 한다. 또한 학년별 시간표와 학교의 전체 학사 일정을 정확히 알고 있어야 한다. 학교 시험 일정은 물론 학부모 참관 수업이나 학교 행사에 관한 일정 정보도 필요하다. 이런 정보는 학교 앞 홍보를 할 때 미리 파악해야 할 중요한 요소다.

또한 학교 위치를 정확히 파악하고 공부방과 학교의 거리가 실제로 얼마나 되는지 알아보는 것도 좋다. 이때 직접 아이를 데리고 아이 걸음으로 얼마나 걸리는지 확인해 봐야 한다. 학교에서 공부방으로 오는 동선이 몇 가지인지 파악하고 공부방으로 오는 길에 아이들이 들를 수 있는 학원이나 문구점, 분식집 등도 살펴보는 것이 좋다. 그래야 공부방에 아이들이 오는 시간대를 예측할 수 있고 학부모와 구체적인 상담이 가능하다.

주변 경쟁 업체 및 기타 학원 현황 파악

지피지기면 백전불패라는 말이 있듯이 나와 비슷한 업종의 경쟁 업체나 기타 학원은 꼭 파악해야 한다. 주변에 몇 개의 공부방이 있는지, 그 공부방에서 지도하는 과목은 무엇인지, 수업료는 어떻게 받는지 알아볼 필요가 있다. 지역의 경제적 수준에 따라 같은 과목을 수업해도 수업료가 다르므로 기존 공부방과 너무 차이가 나지 않도록 해야 한다. 학부모는 단 만 원 차이도 민감하게 생각하므로 가르치는 과목 수와 수업 시간을 고려해 주변 경쟁 업체나 학원 운영 상황을 알아보고 결정하는 게 도움이 된다.

아파트의 경우 문패 없는 공부방이 허다하다. 어떤 선생님은 본인 아파트는 700세대 정도인데 전 과목 프랜차이즈 공부방 4개, 수학 공부방 4개, 영어 프랜차이즈 3개, 피아노는 현수막으로 본 것만 5개, 중국어 공부방에 논술 공부방까지 무려 공부방이 18개나 있다며 너무 많아서 어떻게 경쟁력을 만들어야 할지 고민이라고 이야기했다. 이런 상황이라면 어떤 형태의 공부방을 할 것인지, 과목은 무엇으로 해야 할지 사전에 조사하지 않으면 낭패를 볼 가능성이 크다.

학부모 현황 파악

학부모 현황 파악을 해야 하는 이유는 공부방을 선택하고 결정하며 수업료를 내는 사람이 학부모이기 때문이다. 지역마다 학부모의 편차가 심하게 드러나는 경우가 있다. 학부모의 교육열이 높은지 낮은지 살펴보고 교육열이 높은 경우, 학부모 관리를 조금 더 꼼꼼하게 해야 하고 교육 정보 역시 최근 트렌드에 맞춰 제공해야 한다. 대부분 입시 결과가 좋은 학교가 있는 지역은 교육열이 높으니 주변 학교를 볼 때 이 부분을 참고하여 조사해야 한다.

일부 지방의 경우 서울, 경기 지역 못지않게 교육비를 아끼지 않는 곳도 있다. 따라서 소득 수준이 어느 정도인지 파악해 수업료를 책정하는 융통성이 필요하다. 지역에 주로 직장맘이 많은지 가정주부가 많은지 파악해보는 것도 좋다. 가정주부가 많은 지역은 입소문이 잘 날 수 있는 장점은 있으나 작은 실수로 좋지 않은 소문이 나서 다시 이미지를 회복하는 데 시간이 오래 걸린다는 단점이 있다. 직장맘이 많은 경우는 아이를 잘 관리해 주면 믿고 오랫동안 맡기는 편이지만 다른 사람을 소개해주기는 쉽지 않다. 그래서 소개를 기대하기보다 홍보를 통한 새로운 고객 확보에 더 치중해야 한다.

가르칠 대상과 과목 선택

초등 대상으로 수학이나 논술, 영어 등 단과로 운영할 것인지, 전 과목 운영 또는 전 과목에 논술을 함께 지도할 것인지 결정해야 한다. 기존에 단과 지도로 오랫동안 해 왔더라도 요즘은 전 과목에 대한 니즈가 많아지고 있으므로 이를 고려해볼 필요가 있다. 단과를 고수하겠다고 하면 다른 공부방에서 하지 않는 차별화된 전략이 꼭 필요하다. 놀이 중심 수학이라든가 하브루타 형태의 논술 수업 등이 하나의 차별화된 전략이 될 수 있다.

초등을 대상으로 할 때는 선생님의 가르치는 실력은 기본이다. 하지만 아이들을 예뻐하고 좋아하는 마음이 더 중요하다. 평소 아이들을 상대하는 자신이 어떤지 객관화해 고민한 다음 지도 대상을 선택해야 한다. 기존에 중, 고등 아이들을 오래 지도해온 선생님이 초등 대상 공부방으로 변경하면 중고생과 달라 아이들 눈높이에 맞추지 못해서 어려움을 겪을 수 있다.

중등 이상의 경우는 전문성이 중요하기 때문에 전 과목보다 단과로 운영하는 것이 효과적이다. 또한, 초등 공부방보다 성적에 더 민감하게 반응하므로 성적을 잘 관리하는 노하우가 있어야 한다. 그리고 학부모 관리 못지않게 학생 관리가 중요하다. 초등의 경우 공부방 선택을 부모가 하지만 중, 고등의 경우는 학생이 하는 경우가 많기 때문이다.

이처럼 공부방 창업에는 그 지역의 아주 작은 부분까지 파악해야 한다. 오픈 전 동네에 대한 현황 파악이 안 되어 있다면 적어도 앞에서 언급한 정도는 파악하여 정리해 두는 것은 필수이다. 공부방 창업의 밑그림은 단순한 지도가 아니라 자신 지역의 내비게이터가 되어야 성공의 지름길로 갈 수 있음을 명심해야 한다.

나에게 맞는 공부방 형태와 운영 방식은?

　공부방을 운영하는 방식은 크게 세 가지 형태로 나누어 볼 수 있다. 일정 금액의 가맹비나 교재비가 지출되는 프랜차이즈 공부방, 본사가 직접 관리하며 일정한 수수료를 지급하는 직영 공부방, 그리고 개인적으로 운영하는 개인 공부방이다. 이 세 가지 형태 중 가장 좋은 형태가 무엇이냐고 묻는다면 정답은 없다. 각각 장단점이 다르기 때문이다. 그리고 장단점은 개인의 상황과 경험, 그리고 역량에 따라 결정되므로 잘 분석해 보고 어떤 공부방 형태를 선택할지 기준을 세워야 한다. 그런 다음 선택의 우선 기준을 바탕으로 어떤 형태로 공부방을 운영할 것인지 최종 결정을 내려야 한다.

　개인 공부방을 운영하던 분이 개인적인 한계에 부딪혀 프랜차이즈 형태나 직영 형태로 옮기는 경우가 있고 반대로 프랜차이즈나 직영으로 운영하다가 개인 공부방으로 전환하기도 한다. 또한, 직영에서 프랜차이즈로, 프랜차이즈에서 직영으로 바꾸는 경우도 종종 본다. 이런 움직임을 보이는 이유는 공부방을 운영하다 보면 개인의 경험과 역량의 변화가 생기기도 하고 교육 시장의 변화가 생기기 때문이다. 다음에 제시하는 공부방 운영의 특징을 살펴보고 어떤 형태가 자신에게 맞는지, 어떤 부분을 고려해서 선택해야 하는지 생각해 보자.

프랜차이즈 공부방

프랜차이즈의 경우 가맹비는 업체마다 다르다. 주로 교재나 디지털 콘텐츠를 학습 시스템으로 운영하고 이에 대한 수수료를 회사에 내는 방식으로 운영된다. 시중에 나와 있는 교재로 아이들을 지도하는 데 어려움이 있거나 단계별로 교재를 선택해 수업을 구성하기 어려운 분에게 필요한 형태라고 볼 수 있다.

프랜차이즈는 브랜드 광고를 통해 공부방의 긍정적 이미지와 장점을 알려주기 때문에 개인의 역량이 다소 부족한 경우나 처음 공부방을 시작하는 경우 브랜드 이미지의 효과를 볼 수 있다. 또한 좋은 이미지를 가진 브랜드를 선택하면 공부방 개설 초기에 학부모에게 믿을 만한 곳이라는 인식을 심어 줄 수 있다.

그러나 공부방 창업 시 간판 시공, 인테리어 등 지출 비용이 생각보다 많이 들어서 어느 정도 창업비용을 염두하고 있어야 한다. 또한 매달 나가는 비용이 회원 수에 따라 매우 크기 때문에, 초창기부터 회원이 많이 모이지 않으면 교재비 수수료 부담이 크게 느껴질 수도 있다. 그러다 보니 수수료에 대한 본사와의 미묘한 감정이 일어날 수 있고 등록 회원 수에 대한 정직한 소통이 안 되는 경우가 발생한다. 이런 문제가 반복되면 심리적인 부담감이 커지므로 믿을만한 업체 선정이 중요하다.

본사 직영 공부방

프랜차이즈가 교재 중심 시스템이라면 본사 직영 공부방은 공부방 운영 시스템에 더 초점이 맞추어져 있다. 본사가 직영으로 운영하는 공부방은 프랜차이즈와 다르게 가맹비가 없어 부담이 없고 수수료 비율이 프랜차이즈보다 낮으나 초기 교육 지원이나 초도 물품 지원이 잘 되어 있어 창업비용을 걱정하는 사람들에게 부담이 없다. 또한, 해당 본사의 공부방 운영 시스템을 활용할 수 있다. 회원의 학습 진단 도구나 가정 통신문 작성과 발송, 체계적인 성적표 분석 활용 등 각종 서식에서부터 잔손이 가는 부분도 시스템을 활용하여 편리하게 도움을 받을 수 있다.

프랜차이즈와 마찬가지로 브랜드 이미지 효과를 얻을 수 있으며 주 단위 교육이 이루어지기 때문에 학습지도 노하우와 상담·관리 노하우를 직접 공유할 수 있어서 운영 중간에 생기는 어려움을 해결하는 데 도움을 받을 수 있다. 이와 더불어 본사 직영 체제이기 때문에 본인이 비전만 있다면 개인 공부방 교사로만 머물지 않고 조직 안에서 개인적인 성장 기회가 주어진다.

그러나 본사 직영 공부방 운영의 수수료가 개인으로 운영하거나 프랜차이즈를 운영할 때의 수수료보다 수익 면에서 차이가 크다고 느낄 수 있다. 물론 관리하는 과목 수에 따라 수수료 비율이 다르기는 하지만 자신의 역량과 노력 대비 회사에서 가져가는 수수료가 많다고 생각할 수 있다. 그리고 본사 직영이기 때문에 월 단위 회원 확보 부담감도 생길 수 있다. 이런 심리적인 부담을 자신의 성장 발판으로 삼는 의지가 부족하거나 해당 지역을 관리하는 매니저의 운영 방식에 맞추는 데 어려움이 있다면 다른 방식을 선택하는 것이 좋다.

개인 공부방

개인 공부방의 가장 좋은 점은 들어오는 수입이 모두 개인의 수입이 될 수 있다는 것이다. 그래서 적은 수의 회원으로도 만족할 만한 경제적 수입이 될 수 있고 손익 분기점이 빨리 올 수 있다. 또한, 아이들 수준에 맞는 교재를 선택하여 다양한 방법으로 수업을 운영할 수 있다. 초반에 교재와 수업 연구를 많이 해야 하는 어려움이 있지만 다양한 교재의 장단점을 파악하여 학생에게 맞는 교재를 활용할 수 있고 시간이 지남에 따라 수업 역량도 높아지게 된다. 뿐만 아니라 실력이 탄탄한 수업 역량으로 자신만의 차별화된 공부방 운영 색깔을 만들어 낼 수 있다.

그러나 개인적인 역량이 되지 않는 경우 홍보, 상담, 관리의 모든 부분을 혼자 알아서 해결해야 하는 어려움이 뒤따를 수밖에 없다. 그 중에 개인 공부방의 가장 큰 한계는 홍보라고 할 수 있다. 기존에 이미 입소문이 나 있는 경우라면 홍보하지 않아도 기본은 유지되지만 낯선 지역에서 새롭게 시작하는 것이라면 공부방이 정착하기까지 시간이 걸린다는 것을 감수해야 한다. 공부방을 운영하다 보면 슬럼프가 오기도 한다. 개인 공부방 선생님은 함께 고민을 나눌 동료가 없어 쉽게 운영을 포기하는 안타까운 일이 종종 있으므로 스스로 마인드 컨트롤 할 수 있는 역량이 더 필요하다. 이뿐만 아니라 최근의 교육 트렌드의 변화에 대한 정보를 놓칠 수가 있다. 따라서 꾸준히 정보 수집을 해야 하고 정보 공유를 위한 커뮤니티 활동도 개인적으로 해야 한다.

공부방 창업 등록과 절차, A부터 Z까지

공부방이 창업의 핫 아이템으로 떠오르면서 여기저기 생기기 시작했다. 창업 조건이 까다롭지 않다 보니 특별한 절차나 신고 없이 조용히 공부방을 운영하는 분들이 많다. 몇 명의 아이들을 조용히 몰래 가르치는 것이 크게 문제가 될 것이 없다고 생각하고는 그런 운영이 어떤 규제를 받는지 모르는 경우도 흔하다.

공부방 교사는 개인과외교습자다. 개인과외교습자의 범주에 들어가기 때문에 1인 교사 체제여야 하고, 학생이 많다고 해서 다른 교사를 고용하는 것 역시 불법이다. 다만 같이 거주하는 친족이 함께 돕는 형태는 예외다. 2009년부터 우리나라의 사교육 시장의 문제를 바로잡고 학원 운영 투명성 강화 방안으로 학원 등 불법 운영에 따른 '신고포상금제'가 시행됐다. 이 제도가 시행된 후 일명 '학파라치'라고 불리는 이들이 학부모를 가장해 상담하는 척하며 개인과외 신고증이 있는지, 출석부가 준비돼있는지, 수강료를 신고한 금액으로 받는지 등을 살피러 온다. 만약 수강료 추가 징수나 교습 시간 위반, 교습소 신고 의무 위반과 개인과외 교습 신고 의무 위반일 경우 각각 해당하는 세금과 가산세를 물게 되는 경우가 발생한다. 아이들 인원이 많지 않다고 신고하지 않으면 낭패를 보는 수가 있으므로 꼭 신고해야 한다.

개인과외교습소 신고는 필수

신고 대상	포상금액
수강료 추가 징수 (학원법 제15조 제3항)	30만 원
조례에 규정한 교습 시간 위반 (학원법 제16조 제2항) 초등생: ~22:00까지, 중 · 고등생: ~24:00까지	30만 원
학원의 설립 등록 및 교습소 신고 의무 위반 (학원법 제6조 제1항, 제14조 제1항) 사업자 신고: 현금영수증 미발행의 경우	50만 원
개인과외 교습 신고 의무 위반 (학원법 제14조의 2)	월 교습료 징수액의 20% (한도 200만)

공부방 창업할 때 필수 자격증이나 특별한 자격이 있는 것은 아니다. 단, 학력은 대학 2년제 이상이면 가능하다. 다음은 신고 절차와 방법에 대한 안내이다. 교육지원청마다 요구하는 양식이 다를 수 있으니 신고 전 미리 교육청에 문의 후 신고하는 것이 좋다. 신고한 수강료보다 많이 받고 있다든지, 교습 시간 이후 수업이 진행되는 경우, 교습소나 개인과외로 신고하지 않은 경우는 불법에 해당하며, '학파라치'에게 상당한 포상금액을 주고 있으므로 주의해야 한다.

다음은 학원법에 명시된 내용 중 공부방 창업 선생님들이 알아야 할 내용을 간단히 정리한 것이다.

우리 동네 1등 공부방

'개인과외교습자'란 다음 각 목의 시설에서 교습비 등을 받고 과외교습을 하는 자를 말한다.

가. 학습자의 주거지 또는 교습자의 주거지로서 「건축법」 제2조 제2항에 따른 단독 주택 또는 공동주택 (교육 장소는 아파트나 빌라, 주택에서는 가능하나 오피스텔에서는 불가능)

나. 제1호 사목에 따른 시설

'과외교습'이란 초등학교 · 중학교 · 고등학교 또는 이에 준하는 학교의 학생이나 학교 입학 또는 학력 인정에 관한 검정을 위한 시험 준비생에게 지식 · 기술 · 예능을 교습하는 행위를 말한다. 다만, 다음 각 목의 어느 하나에 해당하는 행위는 제외한다.

가. 제1호 가목부터 바목까지 시설에서 그 설치 목적에 따라 행하는 교습행위

나. 같은 등록기준지 내의 친족이 하는 교습행위

다. 대통령으로 정하는 봉사활동에 속하는 교습행위 "학습자"란 다음 각 목의 자를 말한다.

- 학원이나 교습소에서 교습을 받는 자
- 30일 이상 학습장소로 제공되는 시설을 이용하는 자
- 개인과외교습자로부터 교습을 받는 자

개인과외교습자 신고 구비서류

가. 개인과외 교습자신고서

나. 신분증 사본(원본도 함께 제시)

※ 주민등록표 초본(신분증에 현주소가 미기재된 경우)

다. 최종학력 증명서(졸업 증명서, 수료 증명서) 원본

라. 반명함판(3×4cm) 사진 2매

마. 건축물대장(교습 장소가 아파트가 아닌 경우)

바. 자격증 사본(원본도 함께 제시)

이런 절차를 거쳐 신고하여 신고증을 받으면 학부모가 상담을 왔을 때 확인할 수 있도록 눈에 띄는 곳에 설어 놓는 것이 좋다. 거기에 출석부 명단과 수강료 영수증 정도 구비 해놓으면 설혹 '학파라치'가 찾아오더라도 크게 걱정하지 않아도 된다. '학파라치'들이 신고하면 교육청 직원들이 나오는데 혹시 나오더라도 당황하지 말고 그들이 요구하는 증거자료를 제시하면 별 무리 없이 지나간다.

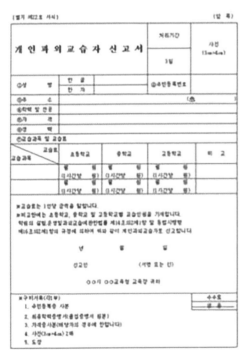

〈개인과외교습자 신고서〉

요즘은 가정과 일하는 공간을 분리하기 위해 상가에서 공부방을 오픈하기도 한다. 이는 교습소에

해당한다. 교습소는 교습소 기준에 따라 신고해야 해야 한다. 교습 대상이 유아나 성인은 대상이 되지 않음을 유의해야 하며 교육환경 유해업소가 있으면 안 된다. 그리고 1인이 1개소에서 1과목만 교습해야 하고 강사를 둘 수 없다. 따라서 전 과목을 지도하려면 교습소에서는 가능하지 않다는 것을 알고 있어야 한다. 특히 신고해야 하는 명칭에 규칙이 있다. 예를 들어 '명문 수학 교습소'처럼 교습소 '이름+교습 과목+교습소' 순으로 명칭을 지어야 등록이 된다.

개인과외교습자 신고를 하면 다음과 같이 개인과외 외부 표지를 부착해야 한다. 그냥 대충 써서 붙이는 것이 아니므로 아래 사항을 참고하여 작성하면 된다.

교육지원청 신고 제 호

개인과외교습자

교습과목 :

〈개인과외 외부표지〉

외부표지 작성 요령

가. 표지의 크기는 가로 297mm, 세로 105mm로 한다.

나. 표지의 재질은 자율적으로 정하되, 비바람에 쉽게 훼손되지 않는 것이어야 한다.

다. 표지의 바탕색은 흰색으로 하고, 글자색은 검은색으로 한다.

라. 표지의 우측 상단에 교육지원청 신고 번호를, 표지의 정중앙에 개인과외교습자 글씨를, 표지의 하단 중앙에 교습 과목을 각각 적는다.

마. 글자체는 자유롭게 선택하되, 교육지원청 신고 번호, 개인과외교습자 표시와 교습 과목의 글자 크기 비율은 13:24:13으로 한다.

개인사업자 등록

개인과외교습자 신고가 완료되면 공부방 운영을 위한 사업자 등록을 해야 한다. 공부방은 사업자 등록이 필수가 아니다. 학원이나 교습소와 달리 개인과외교습자 신고만 하면 운영이 가능하지만 대신 사업자 등록을 하지 않으면 현금영수증을 발행할 수 없고, 신용카드 단말기 사용을 할 수 없는 등 공부방 운영에 많은 지장을 준다. 특히 현금영수증 미발급 시 해당 금액의 50%의 과태료가 발생하므로 개인사업자 등록을 하는 것이 좋다. 개인사업자 등록은 사업 개시일로부터 20일 이내에 사업장 관할 사무소장에게 사업자 등록을 신청해야 한다.

공부방 사업자 등록 시 필요한 서류는 다음과 같으며 별도의 수수료는 없다.

−임대차 계약서 1부(본인 명의 자택일 경우 제외)

−개인과외 신고필증 사본

−신분증 및 도장

사업자 등록은 관할 세무서 방문이나 인터넷 홈택스로 신청이 가능하다. 다만, 주의해야 할 것은 공부방은 면세 사업자이므로 면세란에 체크해야 한다. 일반으로 하면 일반 과세로 나와서 공부방 폐업 신고를 하고 다시 신고해야 하므로 유의해야 한다.

현금영수증 가맹점 가입

국세청에 개인사업자 등록을 하면 현금영수증 가맹점으로 가입하라는 문자가 온다. 홈택스로 신청하거나 전화로 신청하면 된다. 전화로 하는 경우 126(국세상담센터)으로 전화를 걸어서 다음 순서로 하면 신청이 가능하다.

> 1번(홈텍스 · 상담)=〉 1번(현금영수증)=〉 1번(한국어)=〉 4번(가맹점 현금영수증발급 서비스)=〉 사업자번호(10자리)=〉 1번(비밀번호 설정)=〉 대표자 주민번호(13자리)=〉 비밀번호 입력(4자리)=〉 1번(가맹점 가입)

사업자 카드 등록

사업자 카드 등록도 홈택스에서 가능하다. 체크카드나 신용카드로 등록하면 되는데 반드시 사업자 카드를 등록해야 하는 것은 아니므로 체크카드 등록도 무방하다. 만약 개인사업자용 신용카드를 등록하면 처음 등록하고 다음 달 15일경 이후 조회가 가능하다. 기혼인 경우 배우자의 카드를 공부방 전용으로 사용하면 공부방 물품을 구매하였더라도 사업용 물품구매로 인정되지 않으니 본인 명의 카드로 사용하는 것이 좋다.

네이버 플레이스 등록하기

요즘 홍보의 기본 중 하나가 바로 네이버 플레이스에 등록하는 것이다. 네이버에 내 공부방을 검색해서 지도나 위치, 설명이 나오기 때문에 홍보 효과가 크다. 블로그 운영도 꾸준히 함께 진행하면 시너지가 매우 좋다. 네이버 플레이스에 등록하기 위해서는 사업자가 있어야 하며 구글에서는 사업자 없이도 가능하다. 네이버 플레이스 사이트에 들어가서 업체 신규 등록을 하고 사업자 등록증을 업로드한 후 1주일 정도 지나면 네이버 플레이스에 등록된 것을 확인할 수 있다.

신규 등록 시 네이버에 이미 등록된 업체가 있는지 확인하고 필수 정보를 입력한다. 기본 정보 입력 후 대표 키워드 입력 시 아파트명, 인근 초등학교명, 지역명 등을 넣어서 공부방 등록을 한다. 상세 정보 입력 시 공부방 사진, 교재 사진, 이벤트 사진 등 여러 가지 사진들을 넣고, 수시로 정보 변경을 하면 노출 순위가 높아진다.

대신 네이버 플레이스에 등록하고 나면 네이버 사칭 대행사 업체들이 노출 순위를 높여주겠다, 무료로 관리해 주겠다는 등의 전화가 온다. 이런 전화에 현혹되지 말고 명확하게 거절하는 것이 좋다. 전화가 많이 와서 다소 불편할 수 있으나 시간이 지나면 괜찮아진다.

공부방 환경이 공부를 좌우한다

공부방 환경의 가장 중요한 것은 공부방다워야 한다는 것이다. 공부방 수업이 주로 일반 가정집에서 이루어지다 보니 자칫하면 아이들이 공부하는 곳이 아니라 여느 살림집이라는 느낌을 주는 경우가 많다. 같은 아파트에 사는 학부모가 공부방에 상담하려고 찾아왔는데 학부모의 집 환경과 별반 다르지 않다면 학부모의 마음이 어떨까 생각해봐야 한다. 이런 경우 과연 그 학부모에게 공부방으로서의 좋은 이미지와 신뢰를 줄 수 있을까?

언젠가 어느 선생님의 공부방을 찾은 적이 있다. 분명 살림을 하는 집이었는데 식기 건조대에 그릇 하나가 없을 정도로 살림의 흔적이 없었다. 거실에 텔레비전이나 심지어 소파도 놓지 않았고 오로지 아이들이 볼 수 있는 책이 꽂혀 있는 책장과 책상, 그리고 아이들에게 시청각 자료 활용으로 사용하는 컴퓨터 모니터, 간단한 게시판이 전부였다. 물론 반드시 집 전체가 이런 환경이어야 한다는 것은 아니다. 그러나 공부방 장소로 정해진 방이나 거실은 누가 봐도 공부방이라는 생각이 들도록 환경에 신경 써야 한다. 이뿐만 아니라 전체적인 공간 활용도 생각해야 한다.

방을 공부방으로 하는 경우

2~3개의 방 중 하나를 선택해 공부방으로 정한다면 최대한 주방과는 멀고 현관이나 화장실과는 가까운 방으로 정하는 것이 좋다. 아이들이 수업하기 전이나 수업 중에 움직이는 경우가 발생할 수 있다. 이때 최대한 아이들의 동선이 짧을수록 좋다. 식수 같은 경우 정수기가 주방에 있어 아이들이 왔다 갔다 하면서 불필요한 시간을 허비하기도 하고 물을 흘리기도 한다. 물병과 컵을 공부방에 비치하거나 정수기를 공부방 가까이에 놓는 것이 좋다.

큰 안방보다는 작은 방에서 하는 수업하기도 하는데 이 경우 책상이나 의자만 들어가도 답답해 보인다. 선생님이 아이들 주변으로 불편함이 없이 움직일 수 있도록 공간을 확보하는 것이 좋다. 그러기 위해서는 책장은 거실로 빼고 간단하게 아이들 교재 정도 꽂아 둘 수 있는 책꽂이와 수업에 사용할 칠판, 간단한 게시판, 지도, 연표 정도만 보일 수 있도록 하는 것이 아이들의 집중력을 높이기에 좋다. 작은 방이지만 공부방에 들어왔을 때 답답함을 주지 않는 것이 중요하다.

거실을 공부방으로 할 경우

거실 전체를 공부방으로 활용하면 방에서 수업하는 것보다 답답함은 덜하다. 하지만 아이들의 시선이 분산돼 수업의 집중력을 떨어뜨리는 경우가 생긴다. 따라서 최대한 시선이 분산되지 않도록 부엌과 거실 사이에 파티션을 세우고 벽에 걸린 가족사진이나 장식품은 정리해야 한다. 거실 벽에 소품들이 많고 거실과 주방이 분리되지 않으면 공부방이 아니라 가정집 분위기가 더 드러난다. 거실 공간이 넓으면 아이들이 읽을 만한 책을 구비하여 미니 도서관 분위기를 만들어 놓아도 좋다. 집에 들어서자마자 많은 책과 책상, 의자, 학습 도구들이 보이면 학부모에게 호감을 줄 수 있다.

게시판은 최고의 홍보 수단

게시판은 공부방의 운영이나 원칙, 학습 분위기를 드러내는 홍보 도구 1순위다. 게시판은 아이들의 흔적을 볼 수 있는 곳이어야 한다. 그러나 처음 공부방을 시작하면 아이들이 없는 경우가 많으므로 추후 아이들이 어느 정도 오게 되면 아이들 사진을 찍어서 'ㅇㅇ 공부방 꿈나무를 소개합니다' 코너를 만들어 아이들 사진을 붙여 놓고 아이들의 장래 희망을 붙여 놓으면 좋다. 그리고 과목별 짱이나 독서짱 또는 발표짱 같은 공간을 만들어 스티커를 잘 모은 아이들에게 보상을 주는 게시판을 만들면 아이들이 학습이나 독서에 동기를 가질 수 있다. 게시판만 잘 꾸며 놓아도 학부모에게 선생님의 꼼꼼한 학습 관리 이미지를 각인시켜 믿고 맡길 수 있는 신뢰감을 자연스럽게 줄 수 있다.

집 앞 현관도 공부방 환경

학부모가 찾아왔을 때 가장 먼저 보는 것이 집 현관이다. 우선, 공부방 현관과 개인과외교습자 표지를 현관문 앞에 부착하도록 한다.

공부방 현판은 시중 문방구에서 구매하여 예쁘게 팝아트로 만들어 붙여 놓는 경우가 많다. 여기에 다음과 같은 안내문을 붙여 놓으면 좋다. 예를 들어 수업의 집중을 위해 택배는 경비실에 부탁한다는 문구나 상담 시간을 별도 기재해 안내하고 선생님의 가상 시간표도 기재해놓는 융통성도 필요하다. 수업이 없다고 아무 때나 상담하거나 수업해 줄 수 없다는 것을 알려줌으로써 공부방의 전문성과 체계적인 운영을 간접적으로 보여 줄 수 있다.

이 밖에 아이들 신발을 정리할 수 있는 신발장이나 아이들 가방 정리함, 그리고 화장실에서 에티켓을 지킬 수 있도록 거울 앞에 문구를 예쁘게 붙여 놓는 센스를 발휘하면 작은 사소함으로 학부모의 마음을 얻을 수 있다.

공부방 창업 초도 물품 체크하기

다음은 공부방 창업에 필요한 초도 물품이다. 프랜차이즈나 직영 공부방 선택 시 초도 물품을 지원하기도 하지만 모두 지원하지는 않는다. 다음은 초도 물품 준비 시 조금 신경 써야 하는 부분이다.

① 책상: 6~8인용 책상이나 1인용 책상을 여러 개 붙여서 사용하는 책상
- 공간이 넓은 경우 6~8인용 책상을 준비, 공간 활용이 어려운 경우 1인용 다수 준비
- 아이들이 낙서하는 경우가 많으므로 표면이 잘 닦이는 재질 선택

② 의자: 가격이 어느 정도 나가더라도 튼튼하고 편한 의자 준비

- 저렴한 의자는 자주 교체하게 되어 처음부터 좋은 의자를 구입하는 것이 좋음

③ 칠판: 이동식과 고정식이 있음. 공부방 공간에 따라 선택하되 판서를 많이 활용하는 경우 큰 사이즈 선택(보드마카 및 지우개)

④ 책장: 큰 책장이 아닌 작은 책장으로 2~3개 준비하여 이동이 수월하도록 할 것

⑤ 게시판: 대형 문구점에서 적당한 크기로 준비하고 내용은 별도로 채울 것

⑥ 세계지도, 우리나라 지도: 거실에 블라인드용으로 사용해도 좋음

⑦ 연필깎이 및 문구 용품: 기본 필기 용품 외에 자, 삼각자, 각도기, 컴퍼스 등 수업 시간에 사용하는 도구는 여유 있게 구비

⑧ 현수막: 현수막 디자인 업체를 인터넷으로 검색하여 주문

- 아파트 게시용, 도로 게시용, 족자 현수막 등 현수막 사용 목적에 맞게 사이
  즈 결정하여 주문

⑨ 명함: 공부방 이름을 정하고 자신의 교육 철학을 담아 명함 제작하여 홍보 활용

⑩ 전단지: 개인 공부방 창업의 경우 전단지를 맞추거나 개인적으로 PPT 작업 하여 출력

⑪ 교재 및 교과서: 수업할 주 교재와 부교재 구비, 교과서 구비(상담 시 필요)

⑫ 컴퓨터 및 프린터: 가정 통신문이나 정보 제공을 위한 기본 도구

⑬ 상담 파일: 학부모 상담 때 필요한 시간표, 수업료, 교재 안내표, 커리큘럼, 등록 계약서 등을 준비해 한눈에 볼 수 있도록 정리

공부방 창업지 분석과 창업 물품 체크하기

1. 나는 우리 동네를 얼마나 알고 있는가?

체크리스트 항목	기준 점수	점수
아파트 밀집 지역인가? 단독 주택 밀집 지역인가?	아파트 밀집 지역: 10점 단독 주택 밀집 지역: 5점	
거주 지역에서 학교와의 근접성은 어느 정도인가?	10분 이내: 10점 20분 이내: 5점	
거주 지역의 경제적 수준을 파악하고 있는가?	상: 10점 중: 4점 하: 4점	
학부모의 교육열을 파악하고 있는가?		
공부방과 학교 사이 아이들의 동선을 잘 파악하고 있는가?	파악: 10점 미파악: 5점	
거주 지역의 세대수를 파악하고 있는가?		
맞벌이 부부 세대수를 파악하고 있는가?		
근접 학교의 학생 수, 학년별 학급 수를 파악하고 있는가?		
학교의 학년별 시간표와 학사 일정을 파악하고 있는가?		
학교의 방과 후 활동을 파악하고 있는가?		
주변 공부방 수와 학원 수를 파악하고 있는가?		
주변 공부방과 학원의 지도과목과 수강료를 파악하고 있는가?		

80점~100점:

훌륭하다. 준비를 잘했으니 부족한 사항이 어느 부분인지 파악하고 공부방 창업 노트에 위의 사항을 잘 정리해 보자. 그리고 본격적으로 집중 타깃 홍보 대상을 정하고 홍보를 준비해 보자.

60점~80점:

열심히 준비한 편이다. 하지만 정보 수집이 더 필요하다. 혹시 정보 수집이 어렵다면 똑똑한 인터넷 정보를 활용해 보자. 이외의 자세한 내용을 알 수 있다. 부지런함과 꼼꼼함이 더해진다면 안정적인 공부방 창업을 준비할 수 있다.

40점~60점:

조금 더 준비가 필요하다. 지금 상태로 공부방을 시작한다면 어려움에 부딪혔을 때 그 이유가 무엇인지 모른 채 당황하게 될 수 있다. 성공적인 공부방 창업을 원한다면 조금 더 철저히 준비해 보는 건 어떨까?

2. 학교에서 공부방까지 지도 그리기

학교에서 공부방까지 오는 길 지도 그리기

3. 공부방 창업 초도 물품 체크리스트

초도 물품	체크
책상	
의자	
칠판	
책장	
연필깎이 및 문구 용품	
현수막/전단지	
명함	
상담 파일	
교재 및 교과서	
A4 용지/제본기/펀칭기	
컴퓨터 및 프린터	
게시판	
지도	

MEMO

우리 동네 1등 공부방

- 3장 -

최고의 홍보!
공부방 브랜딩

내가 만들고 고객이 완성하는 브랜드

고객이 나를 알려주는 브랜드가 되어라.
브랜드는 내가 만들고 고객이 완성하는 것이다.

비옥한 땅에 씨앗을 뿌려도 메말라 죽는 씨앗이 있다. 공부방을 알리는 일은 메마른 땅에 씨앗을 뿌리는 것과 같다. 그만큼 공부방을 알리는 일이 만만하지 않다는 말이다. 홍보는 그동안 그 지역에서 자신의 이미지를 어떻게 관리해 왔는가에 영향을 받기도 한다. 그러나 별다른 이미지가 없어 어떤 영향력도 기대되지 않는다면 홍보를 통해 꾸준하게 공부방 이미지를 만들어야 한다.

공부방 홍보는 단순하게 공부방이 생겼다거나 회원을 모집한다는 것을 알리는 것이 아니다. 공부방 자체를 홍보하는 것뿐만 아니라 자기 자신도 함께 홍보하는 것이다. 그러므로 나의 이미지가 공부방 이미지이고 공부방 이미지가 곧 나의 이미지가 된다는 사실을 늘 생각하며 홍보해야 한다. 학부모나 아이들에게 나누어 주는 전단지나 아파트에 붙여 놓는 현수막은 공부방을 운영하는 선생님의 얼굴이다. 작은 홍보물에도 정성을 들여야 하며 홍보 문구도 고민해서 만들어야 한다. 이뿐만 아니라 홍보 나갈 때의 옷차림과 자세, 태도가 이미지에 영향을 주기 때문에 선생님에 알맞은 복장과 당당하고 자신감 있는 태도 역시 중요하다.

홍보하는 방법은 여러 가지 다양하다. 농부가 씨앗을 뿌릴 때 아무데나 뿌리지 않는 것처럼 홍보 역시 아무 때나 무조건 열심히 한다고 해서 홍보의 효과가 나타나는 것은 아니다. 열심히 홍보하는 것도 중요하지만, 더 중요한 것은 언제, 어디서, 무엇을, 어떻게 알리느냐가 더욱 중요하다. 여기서 다른 공부방과 차별화된 전략이 필요하고 전략적으로 운영하는 홍보 시스템이 준비되어야 한다.

만약 홍보를 열심히 했는데도 별 반응이 없다면 그동안의 홍보 방법을 분석해 보아야 한다. 홍보할 때 실수하는 것 중 하나가 바로 내가 고객에게 알리고 싶은 것을 홍보한다는 점이다. 내가 알리고 싶은 것이 아니라 고객이 알고 싶어 하는 것을 알려야 한다. 주변에 있는 공부방이나 학원과 별반 다를 것이 없는 홍보를 하지 않았는지, 고객이 알고 싶어 하는 것이 아니라 내가 알리고 싶은 것을 알리지 않았는지를 짚어 보아야 한다.

홍보 문구를 만들 때도 고객이 전단지를 보고 한 가지라도 궁금한 것이 있어서 전화해 보고 싶은 포인트가 있어야 한다. 내가 만약 학부모라면 무엇이 궁금하고 무엇이 알고 싶은지 생각해 보고, 그 지역 학부모들은 교육에 있어 주로 어디에 관심이 있는지 파악해야 한다. 교육비에 민감한지, 교육 프로그램을 중시하는지, 교육 이외의 관리 서비스를 좋아하는지 등 생각해 볼 수 있는 관점이 다양하다. 이런 분석 없이 남들과 비슷한 내용으로 전단지를 뿌리면 길거리에 버려져 바람에 나부끼는 종잇조각이 되는 것은 불을 보듯 당연한 일이다.

끝으로 홍보에서 무엇보다 중요한 것은 차별화된 홍보 전략과 홍보할 때 지키는 원칙이다. 공부방 운영이 안정되고 회원 수가 어느 정도 있다고 해서 홍보를 소홀히 한다거나 그동안 해 왔던 원칙이 무너지면 안정적이던 공부방도 사람들 머릿속에서 잊혀지며 서서히 무너지게 된다.

공부방이 탄탄하게 운영되려면 단순히 홍보만 하는 것이 아니라 홍보의 결과를 데이터화여 가망고객 소스 관리가 되어야 한다. 이렇게 홍보는 홍보 전, 홍보 중, 홍보 후가 체계적으로 이루어져야 하고 이것을 반복하여 자신만의 홍보 시스템을 만들어야 한다. 홍보 시스템이 체계적으로 운영되면 자연스럽게 자신만의 공부방 이미지가 만들어진다.

공부방 홍보의 큰 경쟁력은 바로 입소문이다. 자신의 공부방 소식을 퍼뜨려 주는 사람들이 있어야 한다. 사람들이 공부방에 찾아오게 하는 것, 이것이 자신이 운영하는 공부방의 브랜드이고 내가 브랜드가 되어야 하는 이유이다. 홍보는 나를 브랜딩하는 가장 중요한 일 중의 하나임을 명심해야 한다.

'동네 공인' 공부방 선생님

공부방을 운영하기 전에는 단지 그 동네의 주민이었을 것이다. 그러나 공부방을 운영하기 시작하면 인식의 전환이 필요하다. 바로 '나는 걸어 다니는 홍보물'이라는 생각이다. 또는 '나는 우리 동네 공인'이라는 의식이 있어야 한다. 연예인들이나 유명한 정치인들 같은 공인들이 어떻게 행동하는가? 이들처럼 평소에도 이미지 관리를 철저히 해야 한다. 공부방을 시작하면 본인은 잘 느끼지 못하겠지만 나를 아는 지인들부터 나를 보는 시선이 달라진다. 특히 집에서 아이만 돌보다가 공부방을 창업한 경우나 다른 일을 하다가 공부방을 새롭게 시작한 경우는 공부방을 시작하는 동시에 지인들의 관찰이 시작된다는 사실을 알아야 한다. 따라서 그들에게 이전과는 달라진 모습을 보여 주는 것이 무엇보다 중요하다.

특히 아이들을 가르치는 선생님이기에 더욱 이미지 관리가 필요하다. 심심할 때 함께 차 마시며 수다 떠는 아줌마가 아니라 아이들을 지도하기 위해 열심히 연구하는 선생님 이미지를 만들어 가야 한다. 화장기 없는 얼굴에 모자 푹 눌러 쓰고 장을 보러 갔던 평범한 아줌마의 모습이 그대로 비추어지면 절대 우리 동네 최고의 공부방 선생님으로서의 브랜드는 만들어질 수 없다.

이런 이야기를 하면 어떤 분은 피식 웃으며 '선생님도 사람인데 어떻게 매번 그렇게 신경 쓰고 다니느냐'고 되물어 본다. 하지만 절대 웃을 일이 아니다. 사람들은 운동선수라고 하면 운동선수의 이미지를 떠올리고 아나운서라고 하면 아나운서가 가지고 있는 이미지를 떠올린다. 어떤 사람을 보았을 때 그 사람이 무슨 일을 하는지 사람들이 대충 파악한다면 그 사람은 그만큼 이미지 관리를 잘했다는 의미이다. 사실 이런 이미지 관리 때문에 동네 목욕탕도 가지 않고 심지어 쓰레기를 버리러 나갈 때도 복장에 신경 쓴다고 말하는 선생님들이 있다.

물론 겉으로 보이는 이미지가 모든 것을 대신하지는 않는다. 그러나 문제는 자신이 아무리 뛰어난 실력이 있더라도 그것은 쉽게 드러나지 않으며 자신의 실력을 보여 주기 위해서는 시간이 필요하다는 것이다. 또한 아이들을 대하는 인성이나 평소의 성품은 눈에 보이지 않기 때문에 이미지가 더욱 중요하다. 요즘은 어떤 기업에서든지 이미지 메이킹 교육을 별도로 하고 있다. 그만큼 이미지 관리는 절대 소홀히 할 수 없는 부분이다.

밝게 웃는 모습의 표정 관리

웃는 얼굴에 침 못 뱉는다는 속담이 있는 것처럼 사람의 얼굴 표정은 그 사람의 이미지를 좌우한다. 학부모나 아이들을 대할 때 웃는 표정은 기본이다. 하지만 의외로 사람들은 자신이 대개 무표정인 경우가 많다는 사실을 잘 깨닫지 못한다. 그리고 웃을 때 자신의 표정을 그다지 신경쓰지 않는다.

웃는 표정도 연습이 필요하다. 평상시 거울을 보고 웃는 표정을 지어 보고 어떤 웃는 표정이 자신이 제일 밝게 보이는지 살펴본다. 그 상태에서 소리 내어 인사하는 연습까지 해보면 좋다. 평상시 웃는 표정으로 인사하는 연습이 잘되어 있어야 실제 상황에서도 자연스럽게 밝은 표정이 나오게 된다. 평상시 무뚝뚝하다는 말을 들었다거나 표정이 밝지 않다는 생각이 든다면 꼭 연습해 보기 바란다.

정확한 발음과 에너지가 느껴지는 목소리

아무리 표정이 밝다고 해도 목소리가 너무 작다거나 힘이 없으면 그 사람의 에너지가 느껴지지 않는다. 그래서 적당한 크기의 자신감 있는 목소리로 사람들에게 긍정적 이미지를 줄 필요가 있다. 여기에 정확한 정보 전달을 위해 발음과 말 끝맺음도 중요하다. 첫 마디에 힘을 주어 말하고는 정작 중요한 메시지는 말끝을 흐리면서 얼버무리면 듣는 사람은 무엇을 말하고자 하는지 제대로 이해하지 못한다. 평상시 어투에 이런 습관이 있다면 자기의 말을 녹음해보면서 교정하는 노력이 필요하다.

선생님 이미지를 주는 단정한 옷차림

사람의 첫인상은 우리나라의 경우 단 3초 만에 결정된다고 한다. 그 결정적인 요소의 하나가 바로 옷차림이라고 할 수 있다. 비싸고 고급스러운 옷을 입으라는 말이 아니다. 누가 봐도 선생님이라는 이미지를 줄 수 있는 옷차림이어야 한다는 것이다.

홍보를 나갈 때 정장 차림이 편한 복장은 아니다. 그러나 츄리닝 차림에 운동화를 신고 홍보하는 것은 나는 공부방 선생님이 아니라 운동 학원 선생님이라는 이미지를 주는 것과 같다. 따라서 완전 정장 차림은 아니더라도 남자 선생님은 상의 재킷 정도는 입고 홍보를 나가는 것이 좋고, 여자 선생님은 쫄바지에 박스 티 차림으로 홍보하는 것은 피해야 한다.

최고의 무기, 자신감

공부방을 창업하면서 홍보에 대한 두려움으로 홍보가 가장 어렵다고 하소연하는 분들이 있다. 성격이 소심하여 나서기를 주저하는 분들, 동네에서 아는 사람에게 아쉬운 소리를 하는 것 같아 홍보가 꺼려지는 분들은 기본적으로 자신감이 부족하다. 자신감이 없다 보니 홍보하러 나갔다가 고객이 홍보물을 거절하기라도 하면 더 이상 홍보는 어려워지고 그러다 보면 회원 모집의 한계가 오는 것은 당연할 수밖에 없다.

언제 어디서 홍보를 하든지 자신감은 최고의 무기이다. 아무리 좋은 옷차림을 하였더라도 자신감이 없으면 홍보물을 나누어 주기가 어렵고 학부모들에게 인사하는 것을 두려워 피하게 된다. 자신감은 자신이 하는 일에 대한 당당함의 표현이다. 아이들을 가르치기 위해 공부방 창업을 선택했다면 자신의 공부방에 와야 하는 아이들이 있어야 함을 잊지 말아야 한다. 그 아이들은 스스로 오는 것이 아니라 공부방 선생님이 누구인지 어떤 내용을 가르치는지 학부모가 알아야 온다. 따라서 정말 아이들을 가르치는 일이 간절하고 공부방 창업으로 사업적인 성공까지 이루고 싶다면 홍보에 자신감을 가져야 한다. 이런 자신감이 생기면 동네에서 자신이 공부방 선생님으로서 공인이라는 생각은 저절로 들 것이며 당당한 이미지가 생길 것이다.

세밀하고 차별화된 홍보 전략

홍보하는 방법은 다양하다. 아무리 홍보 방법이 다양하더라도 자신의 공부방에 알맞은 방법이 무엇인지 고민해야 하고 누구나 다하는 홍보 방법이라도 다른 사람과 똑같은 방식이어서는 차별화될 수 없음을 알아야 한다. 어떤 선생님은 홍보를 한두 가지 이상은 하지 않는다. 단순하게 아파트 게시판만 한다거나 가끔 아파트 앞에 홍보지를 붙여 놓는 것으로 나름 홍보를 한다고 착각하기도 한다.

공부방 홍보가 차별화가 되려면 그 지역을 정확히 분석하고 홍보 계획부터 구체적으로 세워야 한다. 홍보의 집중 대상은 누구로 정할 것인지, 홍보는 누가 할 것인지, 언제 어디서 홍보를 할 것이며 홍보물은 무엇으로 준비할 것인지 등, 구체적으로 계획을 세우고 그 계획대로 홍보가 이루어져야 한다.

홍보 지역 분석

요즘 맞벌이 부부가 늘면서 아이들 교육으로 고민하는 학부모가 많다. 맞벌이 학부모는 성적 관리도 물론 중요하지만 아이를 믿고 맡길 수 있는 관리가 꼼꼼한 곳을 더 선호한다. 따라서 아이의 출결 상황과 숙제 관리를 철저히 하고, 발 빠른 학교 정보나 교육 정보를 제공하는 전략을 내세워 홍보하는 것이 좋다.

경제적 여유가 많지 않고 교육열이 그다지 높지 않은 곳은 공부방 창업 지역으로 적당한 곳이 아니다. 그러나 공부방이 필요하지 않은 것은 아니므로 그 지역의 수준에 맞는 수업료 책정에 신경써야 한다. 또한 아이들 역시 공부에 대한 흥미가 떨어지고 관심이 적을 수 있으므로 즐거운 공부방이라는 이미지를 부각하는 홍보 전략이 필요하다.

반면에 경제적 여유가 있고 교육열이 높은 지역은 선생님의 실력과 전문적인 이미지, 차별화된 프로그램이 주된 홍보 내용이어야 한다. 학부모들이 여기저기 비교를 많이 해보고 선택하기 때문에 한 번의 홍보로 학부모가 찾아오지 않는다. 학부모 간담회 형식으로 오픈식 겸 설명회를 열어 선생님의 공부방 운영 철학과 실력을 가시적으로 보여줘 전문적인 이미지를 주는 홍보를 하면 효과적이다.

가망 고객 명단 정리하고 알리기

홍보하기 전 우선 본인이 알고 있는 가망 고객의 명단을 정리해 본다. 그 지역에서 오래 살았고 그동안의 이미지를 잘 관리해 온 선생님이라면 이들을 향한 홍보 계획은 달라야 한다. 하지만 대부분 오히려 지인에게 홍보하는 것을 더 어려워하고 부담스러워한다. 그동안 좋았던 관계가 홍보로 소원해질 것을 염려하는 마음에 공부방 시작을 적극적으로 알리기를 꺼리는 것이다.

여기서 중요한 것은 자신이 하는 일을 적극적으로 명확하게 알리는 것이다. 새롭게 시작하는 일이 무엇인지 구체적으로 알려준다면 지인들이 이를 부담스러워하지 않는다. 지인에게 알리는 것이 부담스럽다면 그것은 본인의 선입견과 자신이 하는 일의 당당함이 부족해서 나오는 것일 뿐이다. 주변 가족을 포함해 지인들에게 당당히 제대로 알려야 한다. 자신이 알고 있는 지인들에게조차 제대로 알리지 못하는 일을 모르는 사람들에게 어떻게 잘 알릴 수 있겠는가?

홍보 타깃 정하기

처음 공부방을 오픈하면서 홍보할 때는 홍보 대상이 없이 불특정 다수에게 무조건 알리는 것에 집중한다. 다수에게 널리 알리는 것도 중요하지만 자신에게 맞는 학년을 집중적으로 홍보해보는 것도 한 방법이다. 혹시 본인의 자녀가 4학년이라면 4학년에 집중해서 먼저 한 반을 만들어 보는 것이 좋다. 아이들을 가르쳐본 경험이 없다면 2학년을 대상으로 정해 봐도 좋다. 2학년 아이들은 적당히 선생님 말씀에 고분고분하고 학습적인 면에서도 기본이 어느 정도 잡혀있는 편이다. 또한 학습 난이도가 높지 않아서 처음 아이를 지도하는 선생님에게 수월한 학년이다. 아이를 지도해본 경험이 있는 분이라면 고학년을 대상으로 해 선생님의 전문성을 보여 주고 그동안 지도했던 경험과 경력을 홍보 문구에 넣고 성적 관리가 잘됐던 구체적인 정보를 알리는 홍보가 효과적이다.

홍보의 주체

'홍보는 누가 해야 할까?'라는 질문을 받으면 당연히 선생님이 직접 해야 한다고 대답할 것이다. 하지만 막상 공부방 창업을 하고 나면 홍보 대행사에 맡기는 경우도 많다. 공부방이 제대로 자리 잡히기 전이라면 공부방 홍보는 본인이 직접 해봐야 한다. 학교 앞에 나가서 아이들 얼굴을 익히고 학부모들과도 웃으며 인사를 나누고 홍보물을 직접 주면서 이야기를 나눠봐야 학부모의 반응을 직접 느낄 수 있고 학부모의 니즈를 파악할 수 있다. 또한 직접 홍보를 해봐야 홍보가 잘 되는 곳이 어디인지, 어느 동에 아이들이 많이 사는지 파악할 수 있고 다음 홍보에 무엇을 더 보완해서 준비해야 하는지 계획을 더 구체적으로 세울 수 있다.

홍보 시기와 장소

홍보는 꾸준히 반복적으로 해야 하므로 언제 하느냐의 정답은 없다. 하지만 전략적으로 해야 하는 집중 홍보 시기를 놓쳐서는 안 된다. 공부방이 안정돼있더라도 학년, 학기 초와 방학 전후 그리고 시험 전, 후는 반드시 해야 하는 시기다. 학부모들이 기존에 아이들을 보내고 있는 학원이나 공부방을 다시 한 번 고민하는 시기이기 때문이다. 학년, 학기 초에는 새롭게 시작하는 시기인 만큼 새로운 출발에서 다른 공부방에서 하지 않는 한 가지 이슈를 정해 홍보해도 좋다. 예를 들어 5학년부터 역사를 배우기 시작하므로 5학년을 대상으로 역사 체험 프로그램을 만들어 매달 또는 격월로 진행되는 내용을 알리는 것이다.

홍보 장소를 선택할 때는 유동 인구가 많은 곳이 기준이다. 그런데 그 유동 인구가 학부모이거나 아이들이어야 한다. 유동 인구가 많은 지역을 찾기 위해서는 지역 관찰이 중요하다. 학부모들이 학년 모임을 많이 하는 곳이 어디인지, 동네 마트 중에서 어느 곳에 있는 마트를 더 많이 가는지 미리 살펴보고 그 장소에서 홍보해야 한다. 아이들이 학교에서 하교할 때 어느 방향으로 더 많이 나오는지 살펴보고 영어나 예체능 학원은 주로 어느 학원에 다니는지 파악해야 한다. 그 동선을 파악해야 최대한 많은 아이에게 홍보할 수 있다.

홍보 물품 준비

홍보를 위한 홍보 물품 선택도 많은 고민이 필요하다. 고객의 관심을 끌기 위해서는 다양한 곳에서 노출되면서도 장시간 눈에 띄어야 한다. 지금 당장은 별 관심이 없지만 자주 보게 되면, 한 번 알아볼까 생각이 들기 때문에 눈에 띄는 홍보 물품이 가장 좋다.

홍보의 대상에 따라 홍보물도 달라진다. 학부모들에게는 주로 커피나 차 종류를 넣어 홍보하기도 하고 볼펜에 공부방 전화번호를 넣어 나누어주기도 한다. 또는 홍보에 비용을 투자하여 주부에게 필요한 행주나 고무장갑, 미니 물티슈에 공부방 전화번호를 넣어 뿌리기도 한다.

아이들에게는 연필이나 지우개, 미니 색연필 세트 같은 문구류나

우리 동네 1등 공부방

오답 노트 또는 알림장 같은 공책을 활용하면 효과적이다. 이외에도 작은 빵이나 사탕 등 간식류를 넣어 관심을 끌면서 홍보물을 나누어 주는 것도 많이 사용하는 방법이다.

홍보 물품을 준비할 때 비용을 생각하지 않을 수 없다. 낱개로 구매하는 것은 큰 비용이 들지 않으나 대량 구매는 비용이 만만치 않기 때문이다. 그래서 홍보 물품을 단기적으로 사용할 것인지, 장기적으로 사용할 것인지 고려하여 대량, 소량 구매를 결정해야 한다. 또한 여름엔 부채, 겨울엔 손난로 등 계절적 이슈도 있으므로 다른 사람이 한다고 해서 무작정 하지 말고 비용 대비 효과적인 것이 무엇인지 생각해 보고 결정해야 한다.

학부모 유형별로 대응하는 홍보법

홍보하다 보면 학부모들의 반응은 다양하다. 홍보하면서 가장 고마운 사람은 어디에서 하느냐, 가르치는 과목이 무엇이냐 또는 수업료는 얼마나 하느냐, 이렇게 적극적으로 질문을 해주는 사람이다. 웃으면서 홍보물을 받아 주는 사람 역시 관심이 있다는 표현이기 때문에 고마운 사람이다. 가장 흔히 만나게 되는 유형인 건성으로 홍보물을 받아서 대충 가방에 구겨 넣는 사람도 그럭저럭 넘어갈 만하다.

하지만 바쁘다며 홍보물을 건네기도 전에 거절하거나 눈을 마주치기 싫어하는 표정이 역력한 사람을 만나면 과연 내가 이 일을 왜 해야 하는지 회의감이 들 정도로 힘이 빠지기도 한다. 당당하게 홍보하러 나가서 자신감은 사라지고 표정이 굳어지면서 한없이 작아져 있는 자신을 보게 된다.

나 역시 그런 경험이 없는 것은 아니다. 그리고 한때 이 글을 읽는 독자 중에도 누군가 홍보물을 주면 쳐다보지도 않던 부류가 있었을 수 있다. 그런데 상황이 바뀌고 보니 모든 것이 새롭기도 하고 생각지 못한 감정들이 올라와 홍보에 대한 자신감을 잃는 것이다.

다시 한 번 생각해 보자. 그때 나는 홍보물을 나누어 주던 사람이 정말 싫어서 홍보물을 받지 않은 것인가? 그 사람을 무시하거나 모욕감을 주기 위해 그런 행동을 한 것인가? 그렇지 않을 것이다. 단지 그 홍보에 관심이 없다는 표현을 그렇게 한 것뿐이다.

그렇다면 생각과 마음을 달리해 보아야 한다. 그리고 다시 한 번 자신의 표정과 옷차림을 점검해 보고 자신감을 가지고 홍보에 나서 보는 것이다. 혹시나 자신이 홍보에 주저주저했기 때문에 학부모의 반응이 싸늘한 것이 아니었는지 또는 무표정의 얼굴에 힘이 없는 목소리로 이야기하지 않았는지를 돌이켜보고 도전해 보면 상대방이 똑같은 반응을 보인다고 하더라도 처음처럼 마음에 상처는 되지 않을 것이다.

이제 조금 더 적극적인 마음가짐이 필요하다. 그리고 학부모가 거절하는 유형에 따라 대처하는 방법을 고민해 보고 어떻게 하면 학부모가 나의 홍보물을 받아 읽어 보게 할 것인가 방법을 생각해 보아야 한다.

바빠요 학부모

바쁘다고 말하는 사람은 정말로 바빠서 나의 말을 들어줄 여유가 없거나 단순한 거절, 둘 중의 하나다. 학부모의 거절 시 응대법 첫 번째는 고객의 언어를 인정해 주는 것이다. 그리고 나서 내가 알려 주고 싶은 정보를 질문한다. 그리고 그의 대답을 듣고 나의 정보 한 가지를 알린 후 홍보물을 건네준다. 끝으로 감사 인사를 한다.

"아~ 어머님 바쁘세요? 어머님 이 아파트에 사시나요? 그러시군요. 이번에 102동 3층에 ○○ 공부방이 생겼어요. 궁금하시면 이거 읽어 보시고 연락 한번 주세요. 바쁘신데 잠깐 시간 내주셔서 감사합니다. 안녕히 가세요."

이런 식으로 30초 동안 이렇게 빠르게 말하면 학부모는 자기도 모르게 홍보물을 받고 가게 된다. 바쁘다고 말하는 학부모를 그냥 돌려보내면 누구에게 홍보물을 줄 수 있겠는가? 자신이 먼저 포기하지 않으면 홍보물을 전해 주는 일은 그리 어려운 일이 아니다.

명함만 주세요 학부모

명함을 달라는 학부모는 내가 연락처를 받으려고 했으나 학부모가 그것을 거절하는 경우이다. 학부모는 연락처를 주면 자주 연락을 받게 될 것 같아 부담스러우니 필요할 때 직접 연락하겠다는 의미이다. 이런 경우 정말 관심이 있거나 예의를 지켜 거절하는 말일 수 있다.

홍보할 때 한 사람의 가망고객 연락처를 받는 것은 중요한 일이다. 그것이 씨앗이 되어 지속적인 관리 고객 대상이 되기 때문이다. 따라서 명함만 달라고 하는 고객에게 명함만 주거나 홍보물만 주어서는 안 된다. 고객에게 부담되지 않도록 안심시키고 고객에게 필요한 정보를 제공하고 아이에 도움을 줄 수 있는 내용을 어필하여 연락처를 받는 것을 목표로 해야 한다. 이때 너무 사정하듯이 말하는 것이 아니라 당당함이 필요하다.

이런 학부모는 거절의 마음을 읽어주며 안심을 시키는 것이 우선이다. 그리고 나서 고객이 필요한 정보가 없는지 질문하며 답변 내용을 듣고 도움을 줄 수 있는 내용으로 어필한다. 끝으로 고객의 연락처를 받고 홍보물에 추가해서 한 가지 선물을 더 준다.

"어머니, 혹시 제가 어머니께 수시로 연락을 드릴까 봐 부담스러우신가요? 물론 그러실 수 있는데요. 어머니께서 직장을 다니시거나 바쁘실 경우 여기저기 물어 가며 정보 얻기 힘드시잖아요. 저는 ○○이가 다니는 초등학교에 대한 정보가 많이 있고요. 요즘 교육 트랜드에 맞는 프로그램으로 공부방을 운영하기 때문에 어머님께 도움이 되는 부분이 많을 거예요. 혹시 우리 ○○이가 몇 학년인가요? 아, 3학년이요? 3학년이면 지금 수학에 분수 단원을 어려워할 거예요. 블록으로 분수 개념을 쉽고 재미있게 공부하는 방법도 알려주니까 저희 공부방에 한 번 오셔서 설명도 직접 들어보세요. 제가 이번 주에 간단한 설명회를 준비하거든요. 연락처 주시면 날짜와 시간 확정되는 대로 연락드릴게요. 괜찮으시죠? 이거 3학년 수학 계통도가 들어가 있는 파일이에요. 집에 가셔서 아이 책상 앞에 붙여 놓으시면 아이에게 도움이 될 거예요."

이런 식의 접근법이다.

구체적으로 질문하는 학부모

어떤 고객은 아이를 보낼 공부방을 찾고 있었다는 듯이 구체적으로 질문하는 학부모도 있다. 이 고객에게 어떻게 응대하느냐에 따라 내 회원이 되느냐 아니면 그냥 지나치는 고객이 되느냐로 나뉜다. 구체적으로 질문하는 고객을 대할 때 유의할 점이 있다. 고객에게 너무 들이대듯이 응대하지 말아야 한다는 점이다. 관심이 있는 고객을 대강 설명해주고 그냥 보내는 선생님도 있는가 하면 너무 적극적으로 상담해 고객에게 부담을 주는 선생님도 있다. 그리고 질문에 너무 상세히 대답해 듣고 싶은 정보만 파악하고 난 다음 그냥 돌아서 가기도 한다.

구체적으로 질문하는 고객일수록 까다롭고 한 번에 결정하지 않는 학부모들이 많다. 이런 고객은 초보 선생님일 경우 기분 좋았다가 마는 고객이 될 수 있다. 당장에라도 아이를 보낼 것처럼 하다가 나중에 연락해보면 전화를 받지 않거나 생각해 보겠다고 하는 경우가 있기 때문이다.

학부모가 구체적으로 질문할 때는 그 질문에 휘둘려서 무조건 대답해주면 정작 선생님이 파악해야 할 학부모의 니즈를 파악할 수 없다. 따라서 질문에 적절히 응대해주되, 역으로 질문을 던져 고객이 실제로 알고 싶어 하는 것이 무엇인지 정확히 파악하고 고객에 대한 정보를 파악해 상황에 맞는 답을 주는 요령이 필요하다.

예를 들어 고객이 "한 달에 얼마 하는데요?" 하고 수업료를 물으면 "어머니, 수업료가 궁금하세요? 혹시 지금 아이를 보내시는 곳이 있나요? 그곳에서는 주 몇 회 몇 시간 공부하나요? 수업료는요?" 하고 역으로 질문해 고객에 대한 정보를 미리 파악하고 질문에 적절히 답을 해야 한다. 그러고 나서 공부방 운영 프로그램에 대한 설명을 간단히 하고 직접 공부방을 방문해 공부방 환경과 교재를 직접 보고 판단해볼 것을 권하면 된다.

홍보할 때는 한 명의 고객이 소중해야 하고 그 소중한 고객에게 나를 알리는 것은 나의 의무라는 생각을 가지고 홍보해야 한다. 한 번 눈이 마주친 고객은 반드시 홍보물을 전해 주거나 고객의 연락처를 받아서 나의 고객으로 만들겠다는 의지가 있어야 가망 고객의 수가 늘어나고 가망고객의 수가 늘어갈수록 공부방에 오는 회원들이 늘어난다는 것을 잊지 말아야 한다.

시스템이 되는 홍보 3원칙

공부방의 홍보 원칙이 정해져 있는 것은 아니지만 원칙을 정하여 꾸준히 홍보하면 그것이 바로 홍보의 시스템이 된다. 처음부터 시스템이 만들어지는 것이 아니다. 정기적인 홍보가 반복되고 시스템이 구축되면 홍보는 저절로 굴러가게 되어 있다. 공부방 홍보의 세 가지 원칙은 다음과 같다.

투자하라

공부방 창업은 앞에서도 언급했듯이 투자 비용이 크게 들지 않는 사업이다. 그러다 보니 너무 쉽게 사업을 시작하려고 하는 경향이 있다. 공부방 창업도 사업이니만큼 어느 정도 투자가 필요하다. 투자라고 하니까 돈을 많이 투자해야 하나 생각하겠지만 크게 3가지를 투자하라고 말하고 싶다. 그 세 가지는 바로 몸, 돈, 시간이다.

공부방 운영이 집에서 이루어지다 보니 움직임이 많지 않은 것은 사실이다. 구체적인 계획대로 움직이면 공부방 창업은 어떤 사업을 하는 사람보다 더 바쁠 수 있다. 특히 창업 초창기에는 매일 홍보와 상담 일정을 계획하여 시간을 짜임새 있게 운영해야 한다. 그렇지 않으면 머릿속만 바쁘고 정작 하는 일이 없이 시간만 흐르게 된다.

창업 초기, 아파트에서 공부방을 홍보하려면 적어도 일주일에 2번은 전단 홍보를 해야 한다. 시간이 여유가 있고 컨디션이 좋으면 하는 홍보가 아니라 요일과 시간을 정하여 규칙적으로 해야 한다. 사람들도 어쩌다 붙어 있는 전단지는 잘 보지도 않고 관심도 없다. 그러나 규칙적으로 해당하는 요일, 정해진 시각에 매번 붙어 있으면 관심이 가기 마련이다. 학교 앞 홍보도 마찬가지이다. 비가 오나 눈이 오나 매주 같은 시간에 나와 홍보하는 선생님을 학부모가 자주 본다면 선생님의 성실함을 보고라도 아이를 맡기고 싶은 마음이 드는 것이 당연한 이치이다.

홍보물을 만드는 것이나 아파트 게시판, 현수막은 어느 정도 비용이 들어간다. 그런데 게시판 붙여 보아야 전화 문의가 많지 않으니 돈을 들일 필요가 없다고 생각하는 분이 있다. 현수막 역시 붙여 놓으면 떼어 가기 때문에 돈만 낭비라고 생각하는 사람도 다수다. 이런 분들은 사업적 마인드가 전혀 되어 있지 않은 사람이다. 아무런 투자 없이 사업이 성공하기란 쉽지 않다. 돈을 어느 정도 투자하되 최소의 비용으로 최대의 효과를 낼 수 있는 홍보 방법을 고민해야 한다.

최대한 다양한 방법으로 시도해라

홍보 방법은 지역의 특성을 고려해야 한다. 여기에 제시하는 방법은 지역에 상관없이 현장에서 선생님들이 활용하는 방법이다. 자신에게 맞는 방법이라고 생각된다면 활용해 보기를 바란다.

① 전단지 홍보

아파트의 경우 청소하는 시간대를 피해서 홍보함. 우유 주머니나 자전거가 있는 곳은 상담 메모지를 남김. 버스 정류장, 전봇대, 은행 입출금기, 지역 신문 거치대 등(불법이지만 대부분 하는 홍보).

② 게시판 홍보

평범한 흰색 용지를 사용하기보다는 예쁜 색깔의 색지를 활용하고 체험 수업 쿠폰을 스틱형으로 만들어 활용(합법직으로 가장 흔히 하는 홍보).

③ 도로 현수막 홍보

복잡하고 많은 내용보다는 단순한 핵심 문구로 하고 시선이 집중되는 색감 배열에 신경을 써서 제작. 공무원들이 수거해가는 경우가 있으므로 주말을 이용. 위치는 대로변 많은 사람이 볼 수 있는 곳을 선택(불법 단속으로 지역마다 규제 정도의 편차가 있음).

④ 아파트 베란다 현수막 홍보

외부에서 볼 때 가장 잘 보이는 위치 선정해 붙임. 공부방 위치가 고층의 경우 저층에 사는 지인에게 부탁해 게시(아파트 자체 규제가 있으므로 관리실 확인 후 게시).

⑤ 유리창 선팅

시공업체에 디자인 의뢰해 제작. 흐린 날이나 저녁에도 잘 보이는 색깔로 배색해 디자인하는 것이 좋음.

⑥ 자석 전단의 활용

아파트 문 앞이나 사람들의 유동 인구가 많은 은행 입출금기 앞, 재활용 분리수거함 앞, 지하 주차장 자동차 앞유리 등에 활용(전단지 대비 홍보가 수월하여 많이 활용하지만 단속하기도 함).

⑦ 아파트 엘리베이터 홍보

거울 광고나 미디어 광고. 부담스러운 가격이지만 연간 광고비로 생각하면 경제적이며 지속적인 노출 효과를 볼 수 있음(합법적으로 오래 홍보 가능).

⑧ 캔버싱

홍보 장비를 펴고 고객과 직접 소통하며 가망고객 소스 받는 홍보. 유동 인구를 고려해 장소 선택. 아파트 시장이나 동네 마트 앞, 학교 앞에서 시행.

⑨ 단골 가게 홍보

자주 가는 미용실이나 약국, 음식점 등에 간단한 홍보물 비치(종이컵, 사탕, 공부방 정보지 등).

⑩ 분식점, 문방구와 쿠폰 협약 홍보

쿠폰을 만들어 한 달에 한 번 활용할 수 있도록 아이들에게 지급하며 홍보하는 방법.

⑪ 학원과 윈윈 홍보

영어 학원이나 예체능 학원과 협력해 홍보물 교차 비치.

⑫ 교통안전 캠페인

학교 앞 신호등, 건널목에 설치해 공부방의 긍정적인 이미지 인식.

⑬ 온라인 홍보

블로그, 밴드 운영, 페이스북, 인스타그램 등을 활용, 정기적인 관리가 중요. 교육 정보나 공부방에 다니는 아이들의 모습 지속적 노출

홍보 결과를 데이터화하라

지식 정보화 사회에서는 축적된 빅 데이터가 시스템을 만든다. 공부방의 홍보 시스템 역시 데이터가 쌓여 만들어진다. 홍보가 체계적인 시스템이 되려면 홍보 계획 전부터 미리 고객 수를 예상할 수 있어야 하고 그 홍보를 통해 몇 명의 가망고객 소스를 받을 수 있는지 예측이 되어야 한다. 이것이 바로 홍보 결과 데이터로부터 나온다.

홍보 데이터를 만들려면 홍보가 끝난 후 홍보 장소, 홍보물 물품 수, 가망고객 소스 수, 상담 전화 걸려 온 수를 정리하는 습관을 들여야 한다. 이것을 정리해 놓으면 어디에서 가망 고객 소스를 많이 받았는지 확인이 되고 홍보 물품은 무엇이 반응이 좋은지, 홍보 물품 수는 몇 개 정도 준비를 해야 부족하지 않은지 파악이 된다. 또한 전단지나 현수막 홍보 역시 어느 곳에 가장 오래 붙어 있는지 파악을 하고 정리해 놓으면 구역 내 맞춤형 홍보 전략 지역과 홍보 방법이 만들어진다.

이 작업이 말처럼 쉬운 일은 아니다. 그리고 한두 번 한다고 해서 데이터화 할 정도의 결과가 나오는 것도 아니다. 의미 있는 데이터를 만들기 위해서는 전화 상담이나 공부방 방문 시 고객에게 어떻게 알고 문의나 상담을 하게 되었는지 확인할 필요가 있다. 이렇게 홍보 후 홍보 결과를 데이터화하여 관리하는 의식적인 노력이 중요하다.

효과 만점 홍보 전략 짜기

1. 공부방을 알릴 홍보 문구 만들기

공부방 이름:

홍보 문구:

2. 가망고객 리스트 적어보기

고객 이름	연락처	나와의 관계	정보
홍길동	010-0000-0000	딸 친구 엄마	3학년, 현재 영어 학원 다니고 있음

3. 홍보 계획 및 결과 데이터 만들기

홍보 계획	홍보 계획 내용	홍보 결과
홍보 목표		
홍보 장소		
홍보 방법		
홍보 물품		
홍보 물품 수		

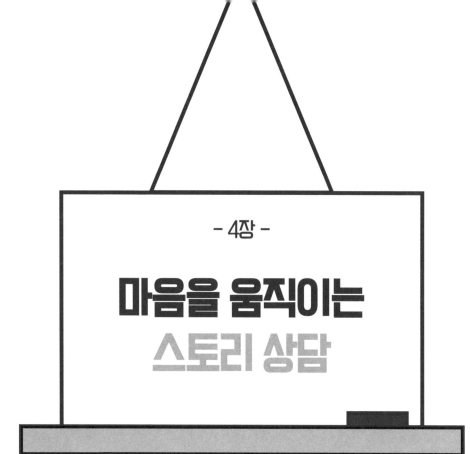

- 4장 -

마음을 움직이는
스토리 상담

합격 사과와 사랑의 사과

스토리로 고객의 머리와 가슴을 움직여라.
아이를 상담 스토리의 주인공으로 만들어라.

1991년 일본 아오모리현에 큰 태풍이 불어 사과 농사는 엉망이 되었다. 엄청난 비와 바람으로 인해 뜨거운 태양을 맞으며 붉고 굵게 영글어야 할 사과는 대부분 땅에 떨어져 썩어가고, 수확할 수 있는 사과는 평소 생산량의 1/3에 불과했다. 그나마 나뭇가지에 붙어 있는 사과들도 이름난 아오모리 사과의 명성과는 달리 당도도 떨어지고 상처투성이인 불량사과가 대부분이었다. 사과 농사를 통해 생계를 이어가던 농부들은 바닥에 떨어져 썩어가는 사과를 보며 어찌할 수 없는 현실에 망연자실해 있었다.

누구를 원망할 수도 없고 문제를 해결한 방법도 없는 안타까운 상황! 농부들 대부분 떨어진 사과를 주우며 안타까워하고 있을 때, 태풍의 모진 비바람을 견디고 나무에 붙어 있는 사과가 한 농부의 눈에 들어왔다. 그 농부는 자기의 눈에 보인 사과를 가지고 정말 멋진 아이디어를 만들어냈다.

쏟아지는 비와 엄청난 바람에도 불구하고 떨어지지 않고 나뭇가지에 끝까지 붙어 있는 사과. 이 사과에 아오모리현의 농부들은 '합격'이라는 타이틀을 붙여 수험생들에게 팔았다. 태풍의 엄청난 비바람을 견디고 나무에 붙어 있던 이 사과를 먹으면 절대 떨어지지 않고 합격할 것이라는 이야기는 '태풍사과'를 '합격사과'로 변신시켰다. 우리나라 못지않게 입시전쟁이 치열한 일본에서 '합격사과'는 날개 달린 듯 팔려나갔다. 개당 100엔씩 팔리던 아오모리 사과는 '합격사과'로 변신해 개당 1,000엔에 팔렸고, 수확량은 평년 대비 30%에 불과했지만, 그해 농부들은 평년 대비 3배나 늘었다. 상처 입은 사과는 스토리를 통해 황금사과로 변신했고 농부들은 더 많이 수입을 얻었다.

〈EBS 다큐 프라임〉에서 진행한 실험이다. 밸런타인데이, 수많은 사람이 오가는 명동에서 두 팀이 사과를 판다. 같은 장소에서 같은 사과를 파는데, 파는 방법이 조금 다르다. 한쪽에서는 팔면서 이렇게 외친다.

"사과 사세요, 맛있는 사과 사세요. 당도도 높고 맛있는 사과가 단돈 천 원이요."

열심히 목소리를 높여 사과를 파는, 우리가 흔히 볼 수 있는 모습이다. 그런데 바로 옆에서 사과를 파는 사람들은 조금 다르다. 고객을 끄는 이야기도 다르고 포장도 다르다. 그들은 사과 두 개를 비닐로 포장해서 오고 가는 사람들에게 이렇게 소리친다.

"밸런타인데이, 사랑의 '커플사과' 사세요. 사랑의 노래만 듣고 키웠습니다. 이 사과를 사면 사랑이 이루어집니다."

어떤 사과가 많이 팔렸을까? 쉽게 짐작할 수 있듯이 가격도 같고 품질도 같은 사과이지만 어떻게 파느냐에 따라 사과 판매량은 6배나 차이가 났다. 길거리를 지나가던 커플들은 대부분 웃으면서 '사랑의 사과'를 샀다. 왜 사랑의 사과를 샀느냐는 질문에 한 여성이 웃으면서 대답한다.

"재미있잖아요, 그리고 이 사과를 사면 사랑이 이루어질 것 같아요."

스토리가 필요하다

앞의 사과 이야기는 누구나 한두 번은 들어본 이야기일 것이다. 하지만 이 이야기를 자기 것으로 만들어야지 하는 공부방 선생님은 많지 않다. 오히려 공부방을 찾아오는 학부모에게 하는 상담과 사과 이야기는 다르다고 생각할 수 있다. 왜냐하면, 아이의 학습은 사과처럼 상품이 아니고 학습은 파는 것이 아니라고 생각하기 때문이다. 그러나 공부방에서 이루어지는 모든 것은 상품이다. 아이들의 수업, 사용하는 프로그램과 교재, 공부방 운영 시스템 등 이 모든 것이 학부모를 설득해야 할 상품이다.

"어머니~ 저희 공부방에 보내 주세요. 공부방 환경도 좋고요, 요즘 잘 나가는 교재로 수업하는데 수업료도 비싸지 않아요." 혹시 이런 상담을 준비하고 있지 않은가? 이런 상담은 일반적인 다른 공부방에서 많이 들을 수 있는 상담이다. 학부모의 지갑은 쉽게 열리지 않는다. 차원이 다른 상담 스토리가 있어야 학부모의 마음이 열리고 학부모의 굳게 닫힌 지갑이 스스로 열린다.

학부모가 자녀를 공부방에 보내면서 가장 바라는 것은 바로 아이의 긍정적 변화이다. 아이가 달라질 수 있는 프로그램이 있다는 것을 단순한 정보로 알려 주는 것에 그치면 안 된다. 학부모가 아이를 공부방에 보낸다면 그 변화의 주인공이 우리 아이가 될 수 있다는 확신을 줘야 한다. 그러기 위해 스토리가 필요한 것이다.

학부모 마음을 움직이는 스토리의 힘

그렇다면 어떻게 스토리가 되는 상담을 준비해야 할까? 우선 상담은 즉흥적으로 이루어지는 것이 아니다. 어떤 학부모가 와도 기본적인 상담의 프로세스가 있으며 기억해야 할 핵심 상담 포인트가 있다. 다른 사람을 설득하는 것은 그 사람을 이기는 것이 아니라 그 사람의 말을 인정해 주는 것부터 시작한다. 따라서 선생님이 상담에서 학부모를 이겨야 하는 것이 아니라 학부모가 선생님의 공부방을 선택하는 것이 스스로 현명한 선택이었다고 판단할 수 있도록 유도하는 상담이 되어야 한다. 이것이 바로 이기는 상담이다.

상담은 주로 전화나 대면 상담으로 많이 이루어진다. 전화는 보이지 않는 상태에서 학부모의 관심을 끌어 공부방 내방을 유도해야 하므로 쉬운 상담이 아니다. 보이지 않는 상담이기에 학부모의 머릿속에 그려질 수 있는 상담이 필요하고 방문해 보고 싶다는 생각을 끌어내는 것이 무엇보다 중요하다. 이것 역시 스토리의 힘이 결정한다.

대면 상담은 학부모가 긍정적인 생각을 하고 방문하는 경우가 많다. 선생님의 상담력에 따라 입회 여부가 결정되기 때문에 철저한 준비를 하고 상담을 해야 한다. 그렇지 않으면 생각해 보겠다는 말만 들으며 고객을 놓치게 되는 경우가 발생한다. 직접 찾아온 학부모를 그냥 되돌려보내는 상담이 되지 않으려면 스토리의 힘으로 학부모의 마음을 움직일 수 있어야 한다.

상담이 어려운 이유는 학부모의 유형이 너무 다양하기 때문이다. 어떤 학부모도 쉬운 고객으로 오지는 않는다. 아이의 교육 기관을 선택하는 것은 옷 하나 사 입히는 것과 다르므로 학부모가 많은 생각을 하는 것은 당연한 일이다. 학부모를 대할 때는 모든 학부모가 특별하다고 생각해야 한다. 학부모에게 자기 자녀는 특별하기 때문이다. 모든 학부모가 특별하다는 생각을 바탕으로 상담을 진행하면 어떤 고객도 까다롭다기보다 상담을 받기 위해 방문하는 것만으로도 감사하다는 마음이 들 것이다.

끝으로 실전 연습이 중요하다. 아무리 좋은 스토리를 가지고 있다 하더라도 학부모와 상담할 때 제대로 전달되지 않는다면 아무 소용이 없다. 따라서 가상 상담 상황을 설정해 보고 그 상황에 맞는 상담 문구를 적어보아야 한다. 여기에 그치지 말고 적어 본 상담 문구에 따라 소리 내어 상담 연습까지 해봐야 실전에 강한 상담력이 만들어진다.

성공하는 상담은 고객도 뿌듯하다

홈쇼핑에서 보통 1시간 동안 올릴 수 있는 매출이 20억이라고 한다. 그런데 1시간 동안 125억 매출을 올려 기네스 기록을 가진 쇼 호스트가 있다. 바로 쇼 호스트 장문정 씨이다. 그는 이렇게 말한다. "바보는 고객을 유혹하고 선수는 스스로 선택하게 한다." 이 말은 선생님들이 상담할 때 꼭 기억해야 할 말이라고 생각한다. 학부모들에게 아이의 교육은 중요하기 때문에 공부방 선택 역시 신중하다. 학부모가 신중하게 생각해서 선택한 곳이 바로 자신이 운영하는 공부방이 될 수 있도록 하는 상담, 그것이 바로 선수가 하는 상담이다.

고객이 왠지 설득당한 것 같다는 묘한 패배감을 주는 상담이 있다. 그 상담은 입회가 취소될 확률이 높다. 상담이 끝난 후 학부모에게 현명한 선택을 했다는 뿌듯함을 주는 것, 이런 상담이 바로 성공적인 상담이요, 이기는 상담이다. 이기는 상담이 되기 위해서는 기억해야 할 상담 포인트가 있다.

경청, 학부모의 이야기를 끝까지 들어라

상담 실패 사례를 공유하며 나온 이야기이다. 찾아온 학부모는 선생님 아이의 친구 어머니인데 초등학교 교사였다고 한다. 선생님은 상담하기 전부터 초등학교 교사라는 말에 부담이 컸던 터라 걱정을 하고 있었다. 평소 다른 사람의 말을 잘 들어주는 편이지만 이 학교 교사의 이야기는 경청하기 힘들었다고 한다. 왜냐하면, 자신이 학교 교사이기 때문에 교육과정은 다 알고 있다, 우리 아이는 딱히 부족한 것이 없다, 집에서 독서 교육도 잘되고 있다 등등, 상담을 하러 오신 분이 너무 자랑을 길게 하다 보니 계속 들어주기가 힘이 들었다는 것이다. 급기야 '그렇게 잘해 주고 있는데 왜 상담을 왔을까'라는 생각이 들었고 나중에는 빨리 상담이 끝났으면 하는 생각조차 들어 결국 그 학부모는 입회 없이 가게 되었다고 한다.

사실 상담하다 보면 이런 학부모 유형은 자주 만나게 된다. 학부모가 자녀를 자랑한다는 것은 그만큼 자신의 아이가 특별함을 이야기하고 싶은 것이고 특별함을 알고 그에 상응하는 상담을 요구하는 것이다. 학부모가 아무런 생각 없이 상담하러 오지 않았다는 것을 잊지 말아야 한다. 반드시 학부모가 어떤 목적으로 상담하러 왔는지 니즈를 파악해야 한다. 앞의 사례에서도 그 학부모는 수학을 잘하는데 창의력을 키워 줄 수 있는 수학을 찾고 있노라고 이야기했음에도 불구하고 상담하는 선생님이 경청의 한계를 넘지 못하고 상담을 포기하게 된 경우이다.

한국말은 끝까지 들어 봐야 안다는 말이 있다. 서양인들은 자기의 생각을 서두에 말하는 것에 비해 우리나라 사람들은 하고 싶은 말을 나중에 꺼내기 때문이다. 그래서 경청이 더 어렵고 중요하다. 학부모의 말에 경청을 잘하기 위해서는 적당한 맞장구와 호응이 필요하고 그냥 흘려듣는 것이 아니라 중요한 내용은 메모하면서 학부모의 니즈를 정확하게 파악하는 것이 중요하다. 학부모의 말에 경청을 잘하는 것이 이기는 상담의 기본 자세이다.

질문으로 학부모의 마음을 읽어라

처음 상담하면서 많은 선생님이 범하는 실수가 있다. 바로 학부모에게 자신이 알고 있는 모든 정보를 최대한 많이 전달하려고 하는 것이다. 머릿속에 준비한 시나리오대로 완벽하게 해야 한다는 생각에 학부모의 반응에 아랑곳하지 않고 열심히 상담한다. 하지만 결과는 그리 좋지 않은 경우가 있다. 왜 그런 것일까? 학부모의 마음을 읽지 않고 무작정 자신의 이야기만을 늘어놓았기 때문이다.

학부모가 상담받기 위해 찾아온 것은 아이의 학습에 문제점이 있거나 보완점이 필요해서 오는 경우이고 공부방에 대한 정보가 궁금해서 온 것이다. 그런데 선생님의 의욕이 앞서 공부방에 대한 정보와 프로그램의 장점만을 열심히 어필하다 보면 그 정보가 아무리 좋은 것이라 할지라도 학부모의 귀에 들리지 않게 된다.

그러므로 적절한 질문을 하여 학부모의 마음을 읽어 보는 시간이 필요하다. 질문할 때 유의해야 할 것은 단답형의 질문보다는 학부모의 생각이나 상황을 질문하는 것이 좋다. 예를 들어 "어머니, 요즘 아이들 공부하기 너무 힘들어하죠? ㅇㅇ도 그런가요?"와 같은 질문이다. 이 질문에는 대부분 "그렇죠. 뭐." 이 정도의 대답으로 그치기 때문에 고객의 니즈를 파악할 수 없다. 따라서 조금 더 구체적으로 "어머님 아이가 5학년이면 한창 사춘기라 ㅇㅇ이도 힘들 것 같은데 학습적인 부분은 어떤가요?"라고 질문을 하는 것이다. 또는 "기존에 학습지로 공부했다고 하셨는데 어떤 부분이 마음에 드셨나요?" 이런 질문으로 학부모가 학습의 중요 포인트로 무엇을 중요하게 생각하는지 파악한다. 다음으로는 "아, 그러시군요. 그럼 지금 학습 방법을 무엇 때문에 바꾸어 보려고 생각하시는 건가요?" 이런 질문으로 학부모의 니즈를 파악한다.

단답형 질문은 긍정적인 대답을 유도할 때 활용한다. 예를 들어 "어머님, 지금까지 제가 저희 공부방 프로그램을 설명해 드렸는데 어떠신가요?"보다는 "어머님, 이렇게 좋은 프로그램을 ㅇㅇ이에게도 꼭 해주고 싶다는 생각이 드시죠?"라고 질문을 하는 것이 좋다. 전자의 질문에는 학부모가 앞에서 설명 들었던 이야기를 다시 생각하게 하므로 선뜻 긍정적인 답변이 나오지 않는다. 그러나 후자의 경우는 자녀에게 직접적인 부분이고 이미 생각의 결정을 긍정으로 유도하기 때문에 저절로 긍정의 답변이 나오게 된다. 상담 중 학부모의 입에서 '네'라는 긍정의 답변이 5번 정도 나오면 그 상담은 자연스럽게 공부방 등록으로 이어지는 상담이 된다.

우리 동네 1등 공부방

아이의 성장 스토리로 상담하라

대부분 학부모는 자기 자녀가 특별하다고 생각한다. 그리고 미래에 나름 괜찮은 아이로 자라줄 거라는 희망으로 여기저기 보낼 만한 교육 기관을 찾는다. 그러나 실제 상담에서는 눈앞의 결과에 급급해 당장 좋은 결과를 만들어 줄 공부방을 찾는 학부모가 의외로 많다. 그리고 평가의 결과에 따라 아이를 여기저기 돌리는 경우를 심심치 않게 보기도 한다.

모든 공부는 스스로 공부할 힘을 기르도록 공부 습관을 잡아주는 것이 가장 중요하다. 하지만 공부 습관을 잡는 것은 단시일 내에 이뤄지는 것이 아니므로 학부모 상담 시 구체적인 그림으로 그려주지 않으면 쉽게 마음이 움직이지 않는다. 따라서 공부방 프로그램을 운영할 때는 단기간 프로그램보다 장기간 프로그램이 필요하고 단계에 따른 성장 결과가 어떻게 나오는지 구체적으로 상담해야 한다.

또한 상담 시 아이의 이름을 불러주면서 상담하는 것이 좋다. 다른 집의 아이가 아니라 당신의 아이가 바로 그 성장 스토리의 주인공이 될 수 있다는 확신을 심어주는 것이 중요하기 때문이다.

예를 들어 영어 공부방의 경우,

"어머니, 우리 예진이가 지금은 알파벳 한 자 쓰기도 어려워할 수 있습니다. 우리말도 쉽지 않은데 다른 나라 말은 당연히 어렵다는 거 어머님도 인정해 주시고 격려해주시는 것이 중요하고요, 이번 달부터 기본적인 알파벳과 파닉스부터 들어갈 겁니다, 아이마다 다르지만 3개월 정도면 간단한 단어는 스스로 읽을 수 있을 거고요, 6개월 정도 더 탄탄하게 잡아가면 문장을 자연스럽게 읽게 될 겁니다. 어머니, 영어는 결국 언어이고 자기의 생각을 표현하는 것이 중요합니다. 그냥 책을 줄줄 읽기만 하는 아이가 아니라 짧은 문장이라도 자신의 의견을 정확하게 영어로 표현할 수 있는 아이로 자랄 수 있도록 제가 우리 예진이와 함께하겠습니다. 어머니께서도 예진이가 다른 나라 또래 친구들과 자연스럽게 이야기 나누는 모습 상상해보시면 뿌듯하시죠? 지금 당장 우리 예진이 모습을 보지 마시고 3년 뒤의 예진이 모습을 바라보시고 기쁘게 투자해주세요"

이런 상담이 바로 성장 스토리가 담긴 상담이다.

내 수업은 혜택이라는 당당함으로 상담하라

선생님 중에는 열심히 상담하고 나서 학부모가 긍정적인 반응을 했음에도 불구하고 그 자리에서 등록을 유도하지 못하는 분이 있다. 그 원인을 살펴보면 마지막 단계에서 등록 원서 제시를 당당하게 하지 못했기 때문이다. 상담이 끝나면 학부모가 알아서 "선생님, 계약서 주세요." 할 것 같지만 실제 상황은 그렇지 않다. 학부모가 긍정적인 반응을 보이면 바로 아이에게 맞는 프로그램을 제시하고 시간표와 수업료 등을 안내하면서 계약서를 제시해야 한다. 어물어물하다가 기회를 놓치면 학부모는 상담만 하고 다음에 다시 오겠다는 기약 없는 약속을 하고 돌아가기 때문이다.

계약서를 제시할 때는 당당해야 한다. 상담이 마무리되면,

"어머니 제가 볼 때 ○○이는 세 시 타임에 이번 주 목요일부터 보내 주시면 될 것 같고요, 여기 등록 원서에 간단하게 정보 적어 주시면 나중에 어머님께 상담도 드릴 겁니다. 어머님 쓰시기 편하시도록 색깔로 표시해 두었으니 그 부분만 적어 주시면 됩니다"라고 말하며 자연스럽게 계약서를 제시하면 된다. 고객이 등록 원서를 다 쓰고 나면 "어머님 정말 현명한 선택을 하셨습니다. 어머님께서 믿고 맡겨 주신 만큼 성심 성의껏 지도하겠습니다. 궁금한 부분은 언제든지 문의 주세요"라고 말하며 마무리하면 된다.

상담이 끝나면 나의 공부방에 아이를 보내는 학부모는 정말 공부방과 선생님 선택을 잘했다는 뿌듯함이 들고, 나의 수업을 받는 아이는 혜택을 받는 아이가 된다. 이러한 당당함이 있어야 고객에게도 만족감을 줄 수 있는 상담이 된다.

한 번으로 성공을 이루는 상담 프로세스

공부방을 시작하려는 선생님에게 "가장 걱정되는 것이 무엇인가요?"라고 물으면 많은 선생님이 이렇게 대답한다. "가르치는 것은 공부하면서 하겠는데요, 학부모 상담을 어떻게 해야 하는지, 갑자기 전화 오거나 공부방에 찾아오면 무슨 말부터 해야 할지 걱정입니다." 어떤 분은 분명히 본인이 학부모로 학원에 가서 상담받아 본 적도 있는데 반대 상황이 되다 보니 앞이 깜깜할 정도로 해야 할 말이 생각나지 않는다고 한다. 그만큼 상담은 어렵다는 이야기이다.

경제학자들에 의하면 사람들이 소비할 때 매우 신중하고 합리적일 것 같지만 의외로 합리적이지 않다고 한다. 고객은 고객의 필요와 욕구를 적당한 타이밍에 자극하고 설득력 있는 언어로 잘 전달하면 의의로 쉽게 구매를 결정한다는 것이다. 공부방에 오는 학부모 상담도 마찬가지이다. 적당한 타이밍에 아이의 학습 문제점이 무엇인지 학부모 스스로 이야기하게 하고 그것을 해결할 수 있는 대안을 공부방 프로그램이나 시스템으로 제시한 다음 선생님의 확실한 관리를 약속하면 학부모는 자연스럽게 공부방 학습을 선택하는 것이다.

이런 상담의 핵심은 첫 상담 한 번으로 입회가 마무리되어야 한다는 데 있다. 학부모가 상담하러 와서 알아보고 다음에 연락하겠다는 말을 100% 믿고 그냥 돌려보내면 그 고객이 다시 찾아올 확률은 거의 드물다. 따라서 학부모와 첫 상담이 매우 중요하다. 첫 상담에서 학부모가 공부방 등록을 하도록 하기 위해서는 기본적인 상담 프로세스가 필요하다. 학부모가 방문해서 이루어지는 대면 상담과 전화 상담이 있으므로 두 가지 경우로 나누어 실전에 미리 대비하는 것이 좋다.

신규 상담 프로세스

1단계: 상담 준비하기

첫 상담에서 선생님의 첫인상은 매우 중요하다. 상담이 예약되어 경우에는 미리 옷차림이나 표정 등을 점검하고 공부방 환경 역시 신경을 써서 깔끔하게 정리 정돈을 해놓아야 한다. 게시판이나 안내판에 공부방 운영 방침이나 교육 프로그램, 수강료 및 시간표 등이 제대로 준비돼있는지 점검도 필요하다. 상담이 대부분 대화로 이뤄지지만 때로는 많은 말보다 한눈에 볼 수 있는 자료가 효과를 발휘한다. 그러므로 상담 시 활용할 수 있는 리플릿이나 브로슈어를 준비해둬도 좋다. 이런 인쇄물을 만들기 어려운 경우라면 클리어 파일에 인쇄물을 넣어 정리해 두고 수시로 활용하는 방법도 있다. 그리고 상담 일지를 준비해 상담 내용을 놓치는 일이 없도록 미리 준비해야 한다.

2단계: 분위기 조성(Open mind 형성)

학부모도 선생님을 처음 보는 경우 낯설고 어색할 수 있다. 그런 상황에서 본격적인 상담으로 들어가면 부담을 줄 수 있으므로 날씨 이야기를 하거나 간단한 차를 권유하며 편안한 분위기를 조성하는 것이 필요하다. 그리고 조금씩 아이 교육이나 학교 행사 등으로 공감대를 형성하는 대화를 유도한다. 이때 공감을 형성하는 시간이 너무 길어지면 한정된 시간에 본격적인 상담 시간이 부족할 수 있으므로 적당한 시간 조절에 유의해야 한다.

3단계: 학부모 정보와 니즈 파악

상담이 원활하게 이뤄지기 위해서는 선생님이 기본적으로 알아야 할 기본 정보가 필요하다. 다음 사항들을 정리해 놓고 체크하면서 학부모의 정보와 니즈를 파악하도록 한다.

- 아이의 개인 정보 및 학부모 정보: 학교, 학년, 성별 파악, 엄마의 직장 유무 파악
- 공부방을 찾게 된 경로: 홍보 전략에 활용
- 아이의 평소 시간 관리나 기존 학습 관리 상황, 타 학원 정보와 시간
- 아이와의 대화나 교육에서 어려운 점
- 공부방에서 특히 도움을 받고 싶은 점
- 아이가 잘하는 것과 어려워하는 것(교과와 연관해 질문)

4단계: 차별화된 프로그램 제시

아이의 학습 문제에 따라 적절한 해결방안을 제시할 때는 단순히 경험 노하우로 해결책을 제시해서는 안 된다. 특히나 아이들을 지도해 본 경험이 많은 선생님들이 이런 실수를 많이 한다. 그 지역에서 입소문이 나 있는 상황이라면 괜찮겠지만 새로운 지역에서 창업하는 경우라면 그것이 전략이 될 수 없다. 따라서 아이의 학습 문제를 해결할 수 있는 차별화된 프로그램을 제시해야 한다.

예를 들어 아이가 연산 실수를 많이 해서 수학 성적이 한계에 부딪혀서 고민인 학부모 상담을 살펴보자. 이런 경우 보통 별도의 연산 문제를 풀도록 하여 실수를 줄이겠다는 평범한 제시를 하는 상담이 대부분이다. 이런 상담보다는 어떤 영역의 연산이 안 되는지 구체적으로 질문해보고 전 단계의 학습에서 생긴 누수가 있는 건 아닌지 정확히 파악해 영역별로 아이의 수학 능력을 키워주는 프로그램을 제시해야 학부모의 신뢰를 얻을 수 있다. 무언가 특별하고 대단한 것이 아니라 다른 공부방에서 상담하는 것보다 디테일하고 구체적일 때 공부방의 차별화된 전략이 될 수 있다.

5단계: 정기적인 상담 약속과 신뢰감 주기

상담은 처음과 끝이 중요하다. 아무리 첫인상이 좋아도 마무리가 좋지 않으면 신규 회원 등록은 어렵다. 상담이 끝나고 학부모가 돌아갈 때까지 방심은 금물이다. 상담의 마무리는 항상 아이의 변화에 대한 정기적인 상담을 할 것을 약속해야 한다. 지속적인 상담을 한다는 것은 그만큼 아이에게 많은 관심을 두겠다는 표현이요, 의지이기 때문이다. 더불어 궁금한 것은 언제든지 문의할 수 있도록 선생님에 대한 신뢰감을 심어주는 것이 필요하다.

전화 상담

다음은 전화로 상담이 오는 경우이다. 전화 상담은 학부모가 눈앞에 있지 않기 때문에 표정과 생각을 파악하기가 쉽지 않다. 그래서 전화로 상담을 원하는 학부모는 상담 스킬이 어느 정도 필요하다. 또한 전화 목소리 톤에 신경을 써야 하고 정확한 발음으로 상담하는 것이 중요하다. 자신감이 없는 목소리는 금방 상대방에게 전달되기 때문에 언제 어디서 전화를 받더라도 한 템포 쉬고 준비된 상태에서 통화해야 한다.

공부방 창업을 하고 처음 전화를 받으면 홍보의 효과가 나타나기 시작한다는 생각에 기분이 좋을 것이다. 그러나 통화를 하고 나면 결국 학부모가 원하는 정보만 주고 전화를 끊었다는 사실에 다시 속상해지기 시작한다. 전화로 상담을 원하는 학부모일지라도 직접 공부방에 방문할 수 있도록 유도하는 것이 중요하다. 다음은 방문을 유도하는 4단계 상담법이다.

1단계: 공부방을 알게 된 경로 파악(홍보 전략 데이터 활용)

공부방 창업 초창기에는 다양한 홍보 방법을 활용하는 때이므로 어떻게 알고 문의를 하게 되었는지 파악하여 추후 지역 홍보 전략으로 활용한다.

2단계: 간단한 기본 정보 파악

아이 이름, 학교, 학년, 사는 곳을 파악한다. 학부모 따라 아이 이름을 밝히기 꺼리는 경우가 있으므로 부담스럽지 않도록 질문하는 요령이 필요하다.

3단계: 공부방 방문 유도

학부모는 공부방에서 이루어지는 프로그램과 수업 시간, 수업료 등을 궁금해할 것이다. 이런 질문에 일일이 대답하다 보면 학부모가 알고 싶은 정보를 모두 파악하게 되고 거기에서 더 이상의 매력이 없으면 다음에 다시 전화한다는 말과 함께 전화를 끊게 된다. 따라서 일일이 답변을 주기보다 직접 공부방과 선생님을 눈으로 보고 확인하면서 결정하는 것이 후회 없는 현명한 선택임을 인식시키면서 공부방을 방문하도록 유도해야 한다.

4단계: 상담 시간 제시

선생님이 상담 가능한 시간을 두 가지 정도 제시하여 학부모가 상담을 올 수 있는 시간을 선택하도록 한다. 상담 예약이 잡혔다는 것을 강조하고 상담이 취소되거나 미루어지는 경우 최소 한 시간 전에 전화나 문자를 주십사 당부한다. 이런 당부를 해야 학부모도 선생님의 시간을 소중하게 생각하고 학부모에게는 전문적인 선생님의 이미지를 남길 수 있다.

앞의 단계에 따라 간단히 시연 문구를 적어보고 연습해 보면 실제 상황에서 많은 도움이 될 것이다. 다음은 공부방 방문을 유도하는 전화 상담의 예문이다.

상담 멘트 예시

띠리리링~

네, 스스로 학습 멘토 ○○ 공부방입니다.

안녕하세요. 어머님~ 전화 주셔서 감사드립니다. 공부방이 여러 곳이 있는데 어떻게 저희 공부방을 알고 연락을 주셨나요? 아, 며칠 전 아파트 게시판을 보셨군요. 혹시 몇 동에 사시나요? 205동이요? 저희 공부방이랑 가깝네요. 아이는 몇 학년인가요? 아~ 3학년이요? 3학년이면 공부를 어려워하는 시기이긴 하지요. 저희 공부방에도 3학년이 있는데 혹시 아이 이름이 어떻게 될까요? 아, 우진이요. 남자아이인가 봐요. ○○초등학교 다니나요? 네~ 그렇군요.

~ 고객이 수업 시간, 프로그램, 시간표, 수업료 등을 묻는다 ~

우리 동네 1등 공부방

어머님, 궁금한 것이 많으신가 봅니다. 그런데요, 공부방을 선택하는 것은 아이에게 옷이나 장난감을 사 주는 것이 아니잖아요. 그리고 한 번 믿고 보내면 꾸준히 보내셔야 하는데 간단히 전화로 상담하시다 보면 아무래도 정확하게 판단하기 어려운 부분도 있어요. 바쁘시겠지만 그래도 우리 우진이에게 중요한 학습에 관한 부분이니 저희 공부방에 오셔서 자세히 상담받아 보는 것이 어떠실까 합니다.

제가 이번 주 월요일과 목요일 오전이 가능한데 어머님 가능하신 시간은 언제이신가요?

네~ 목요일이요? 그럼 목요일 오전 10시에 상담 예약 잡아 놓겠습니다. 어머니께서 예약하셨으니 제가 추후 상담은 받지 않을게요. 혹시 시간이 미루어지는 경우 미리 30분 전에 알려 주시면 추후 상담 시간 다시 잡도록 하겠습니다. 그럼 어머니, 목요일 오전 10시에 뵙겠습니다.

선생님들이 상담에서 실수하는 것 중 하나는 학부모의 입장을 너무 이해하며 상담한다는 것이다. 학부모는 고객이므로 충분히 이해해야 하는 것이 아니냐고 말할 수 있다. 그러나 공감과 이해는 다르다는 것을 알아야 한다. 고객의 상황을 모두 이해하고 고객의 요구를 들어주는 것이 고객을 위하는 것이 아니다. 고객이 지닌 문제점을 정확히 파악하여 합리적이고 효율적인 방법을 안내하는 것이 제대로 된 상담이다. 선생님이 학부모를 이해해 주는 순간 자신이 옳다는 판단을 내리고 선생님이 자신의 상황을 이해해 준 것에 대해 고마워하지 않는다. 따라서 학부모의 거절에 공감하되, 이해하지 말고 그 문제에 대한 적절한 대안을 제시해주는 것이 중요하다. 다음은 실제 상담에서 가장 흔한 거절 이유와 이에 대응하는 상담법이다.

차량 운행을 요구하는 경우

초등학교를 갓 입학한 외동아이를 둔 학부모와 상담을 한다고 가정해보자. 상담을 다 마치고 나서 차량 운행은 어떻게 되느냐고 묻는다. 공부방은 차량 운행이 되지 않는다고 하자 그 학부모는 학교에서 공부방까지 멀기도 하고 사고 위험도 있어서 차량 운행을 하지 않으면 다시 한 번 생각해 보겠다고 말한다. 이런 학부모라면 어떻게 하겠는가? 대부분 차량 운행이 불가하기 때문에 해결할 방법이 없다고 판단하여 회원 등록을 포기할 것이다. 외동아이를 귀하게 생각하는 그 마음이 이해되고 사고 위험이 있다는 것을 인정하지 않을 수 없기 때문이다. 그런데 상담을 어떻게 하느냐에 따라 학부모의 마음이 달라질 수 있다. 다음은 이와 유사 상황 시 활용해 볼 수 있는 상담 프로세스이다.

1단계: 공감하기

"어머니, 아무래도 우리 ○○이가 댁에서 워낙 귀하고 아이가 초등학교에 입학한 지 얼마 되지 않아서 걱정 많이 되시죠? 저도 아이 키우는 부모이다 보니 그 마음 충분히 이해가 갑니다."

2단계: 부정적 요소 제거, 긍정적 요소 부각

"그런데요, 사실 학교에서 공부방까지 생각처럼 그리 멀지 않습니다. 아이와 함께 걸어 보면 약 10분 정도 걸리는 거리예요. 10분 정도 거리는 아이가 운동 삼아 걷기 좋은 거리이고요. 아이가 신호등 건너오는 것이 위험하다고 생각하실 수 있는데 요즘 뉴스에 차량 운행 사고 나는 것 보셨죠? 차량을 운행한다고 해서 안전하다는 생각이 들지는 않더라고요. 어머님도 그러시죠? 오히려 아이들이 스스로 걷다 보면 주변을 살피게 되니 자연스레 조심성이 더 생기고요. 학교에서도 신호등 건너는 법과 규칙을 배우기 때문에 실생활 학습에도 오히려 도움이 됩니다."

3단계: 대안 제시

"어머님, 우리 ○○이가 스스로 학교나 공부방을 잘 다닐 수 있도록 해주시는 것이 더 중요하잖아요. 일단 우리 ○○를 믿어 보세요. 어머님께서 걱정하시지 않아도 될 만큼 씩씩하게 잘 다닐 수 있을 거고요. 그 모습 보시면 어머님도 대견하실 겁니다. 저도 우리 ○○이와 함께 공부방에 다닐 수 있는 아이를 찾아보도록 할게요."

아이와 남편의 의사를 존중한다고 하는 경우

아이와 남편을 이유로 잠시 생각해 보겠다며 거절하기도 한다. 엄마는 보내고 싶은데 아이와 남편의 의향도 중요하니 아이나 남편과 상의해 보고 결정하겠다며 회원 등록을 미루는 상황이다. 이런 경우는 대부분 학부모의 니즈 파악이 제대로 이루어지지 않아 선생님이 부담 느끼지 않는 선에서 거절하기 위한 말일 경우가 많다. 이런 상황에서 상담은 어떻게 해야 할까?

1단계: 공감하기

"어머님께서 평소에 아이의 의견을 많이 존중해 주시나 봅니다.

보통 부모님들은 아이를 위해서라고 생각해서 억지로 강요하기도 하는데 아이를 배려해 주시는 어머님이 있어서 아이가 즐겁게 공부하겠네요. 저 역시 공부는 아이가 하는 거니 아이의 의견이 중요하다고 봅니다."

2단계: 학부모 니즈 다시 파악

"혹시 우리 ○○이가 다니는 다른 학원들도 ○○이가 선택해서 다니는 건가요? 주로 어떤 이유로 그곳을 선택했는지 여쭈어봐도 될까요? 아이의 의견을 존중해 주신다고 하셨는데 아이가 한 곳에 얼마나 오랫동안 다니나요? 아이의 의향도 중요합니다만 아이가 꾸준히 다니면서 습관을 만들어 주는 것이 더 중요할 것 같은데 어머님 생각은 어떠세요?"

위와 같은 질문을 통해서 다시 한 번 학부모의 진짜 니즈가 무엇인지 파악해야 한다.

3단계: 입회 회원의 혜택 제시

"어머니, 우선 아이 의견이 중요하다고 생각하셨으니까 아이가 학습을 받아 볼 수 있는 체험 수업 기회를 드릴게요. 회원 등록 원서 쓰시고 오늘이나 내일 수업에 한 번 보내 보세요. 우리 ○○이처럼 활동적인 아이는 교구를 통해 직접 만져 보고 활용해 보는 수업을 좋아할 거예요. 혹시 아이가 너무 싫어하면 수업료를 돌려드리니 너무 걱정하지 마시고요. 일단 수업에 보내주세요. 오늘 회원이 되시면 이번 주 2회 수업은 무료 체험 수업 혜택이 있으니 좋은 혜택 받으셨으면 좋겠네요."

수업료에 대한 부담을 언급하는 경우

학부모 상담 중 많은 거절 이유 중 하나가 바로 수업료 부담 문제이다. 물론 지역에 따라 차이가 나기도 하지만 수업료 부담을 이야기할 때 선생님들도 당황스럽다. 수업료는 수업에 대한 가치이다. 그런 만큼 수업료 상담에서 당당함이 필요하다. 또한, 수업료가 부담돼서 어렵다는 학부모를 이해해 주는 것 역시 학부모나 아이에게 도움이 되는 것은 더욱 아니다. 어차피 학부모는 그 돈을 아껴서 무언가 더 대단한 교육을 제공해 줄 수 있는 것은 아니기 때문이다. 이런 학부모는 생각이나 가치의 전환이 필요한 고객이다.

1단계: 공감하기

"요즘 아이들 공부방만 보내는 것이 아니라 다른 학원에도 많이 보내고 있어서 교육비 부담이 만만치 않더라고요? 어머님도 그러시죠? 아이 둘 키우는 저도 마찬가지예요!"

2단계: 학부모 상황 다시 파악

"어머님은 우리 ○○이 어디 어디를 보내시나요? 혹시 별도로 집에서 하는 학습지는 없나요? 방과 후 활동도 많이 시키시던데 ○○이도 학교에서 하는 것이 있나요? 기존에 보내셨던 곳에서는 수업료가 어느 정도였나요?"

3단계: 학습 설계 제안하기

"어머님 말씀을 들어보니 우리 ○○이를 위해 여러 가지를 잘 준비해 주시는 것 같아요. 그런데 조금씩 중복되고 있는 것도 있고요. 지금 우리 ○○이에게 가장 중요한 것이 무엇인지 우선순위를 정하는 것이 필요할 것 같네요. 초등 시기에는 아이에게 다양한 경험을 시켜주는 것도 중요하지만 기초학습 능력을 갖추는 것이 가장 중요하거든요. 당분간 중요한 한두 가지에 집중해 주시는 것이 필요한 것 같습니다. 기초학습 능력을 키워주기 위해서는 저희 공부방 프로그램이 필요하고요. ○○이가 집중력이 부족하다고 하셨으니 학교 방과 후 바둑 프로그램을 병행해 주시면 좋을 것 같습니다."

4단계: 현실적인 이익 보여주기

"어머님 조금 전에 수업료에 대한 부담 말씀하셨는데요. 수학 학습지는 공부방에서 연산 보완을 하면 될 것 같으니 정리하셔도 될 것 같고요. ○○이가 3학년인데 피아노를 매일 가네요. 재능으로 키워주실 것이 아니라면 주 2~3회로 줄여서 아이에게도 쉬는 시간을 좀 주시고 숙제할 시간의 여유를 주시는 것이 좋을 것 같아요. 이렇게 ○○이의 학습 설계를 다시 하시면 기존에 교육비보다 더 들어서 부담이라고 하셨는데 학습지 부담이 주니 이 금액이 부담되지 않으실 거예요. 거기다가 피아노 수업료가 줄어드니 오히려 여유가 더 생기겠네요."

5단계: 학부모의 긍정 선택 유도

"어머니께서도 부담이 줄어드니 좋으시죠? 앞으로도 ○○이의 학습 설계에 도움이 될 수 있는 정보 드리면서 효율적으로 교육하실 수 있도록 마음 쓰겠습니다. 그리고 여기 간단하게 정보를 적어 주시면 매월 정기적으로 상담해드리도록 하겠습니다."

나열한 상담 사례가 모두 정답이 아닐 수 있다. 하지만 학부모가 어떤 질문이나 거절의 이유를 말할 때 당황하지 않으려면 평소 많은 생각을 해봐야 한다. 그렇지 않으면 회원 등록으로 연결 짓지 못하고 학부모를 돌려보내는 안타까운 일이 발생한다. 따라서 평소에 내가 학부모라면 어떤 질문을 할까? 나는 우리 아이 학원 상담 시 마음에 들지 않을 때 어떤 거절을 했는지 생각해 보고 미리 그 질문과 거절에 대한 상담 문구를 준비해야 한다. 그리고 고객의 상황을 제대로 보고 학부모에게 현명한 선택이 어떤 것인지 당당하게 보여 줄 수 있는 상담이 되도록 꾸준히 연습해야 한다.

학부모 유형별 상담법

공부방 운영 경험이 많은 베테랑 선생님에게 가장 어려운 것이 무엇이냐고 물으면 주저 없이 상담이라고 이야기한다. 어떤 유형의 학부모가 올지 예상할 수도 없고 처음 만나서 몇 마디 나누어 보고 학부모의 성향을 파악하기도 쉽지 않기 때문이다. 하지만 아무리 고객 유형이 다양하더라도 사람의 마음은 비슷하다. 또한 엄마들도 알고 보면 몇 가지 유형으로 나뉜다. 학부모의 유형에 따라 어떤 부분에 초점을 맞추면 되는지 알아두면 상담에 많은 도움이 된다. 다음은 학부모 유형별 상담법이다.

헬리콥터형 엄마

학부모 중에 교육에 관심이 많고 아이들의 모든 것에 간섭하며 통제하려고 하는 엄마들을 헬리콥터형 엄마라고 한다. 요즘 한 자녀를 둔 가정이 많다 보니 이런 엄마들이 많아지고 있다. 헬리콥터형 엄마들은 아이가 무엇이든 계획에 맞추어 시간대로 움직여 주어야 한다. 그래서 무엇보다 상담 시 수업시간 문제로 어려움을 겪을 수 있다. 자기 아이 시간에 맞추어 수업해 달라고 요구하기 때문이다.

이런 경우 요구를 들어주지 않으면 놓칠 것 같은 두려움에 선뜻 학부모의 요구에 맞추어 주기도 하는데 무조건 맞추어 준다고 해서 좋은 상담은 아니다. 먼저 선생님이 정한 시간에 맞춰 올 수 있도록 상담하는 것이 우선이다. 그러려면 그 시간에 와야 하는 이유가 명확해야하고 그 시간에 공부할 때의 장점을 최대한 어필해야 한다. 학년별 모둠 수업의 장점을 들어 수업의 효과를 어필하는 것도 좋은 방법이다.

쉽게 결정하지 못하는 엄마

이런 유형의 학부모는 성격이 우유부단하고 귀가 얇아서 무엇을 선택할지 고민하다가 끝내 남편이랑 상의해 본다고 하거나 아이랑 이야기해 보고 결정하겠다고 말하곤 한다. 이때 '네, 그러세요.' 하는 순간 그 엄마는 다시 오기 어렵다. 왜냐하면 다른 엄마가 다른 곳을 소개하면 그곳에 가서 상담받을 것이기 때문이다.

따라서 이런 경우는 상담의 주도권을 선생님이 확실하게 잡고 엄마에게 의향을 묻기보다는 아이 상황에 맞게 프로그램을 제시해주는 것이 좋다. 그리고 나서 '걱정하지 마시고 믿고 맡겨 주십시오. 최선을 다해 성심껏 지도하겠습니다'로 깔끔하게 상담을 마무리하면 된다. 이런 학부모 상담 시 주의해야 할 점은 상담은 길지 않게 하고, 고민과 선택사항을 주지 말아야 한다. 고민할 거리를 던져주면 결정은 미뤄지고 시간만 흐르게 된다는 것을 잊지 말아야 한다.

전공·경력을 묻는 엄마

공부방을 처음 오픈해서 상담하는 경우 이런 유형의 학부모는 선생님을 상당히 당황하게 만든다. 선생님의 전공이나 경력을 묻는다는 것은 선생님의 전문성을 알고 싶다는 의미이고 그것은 곧 선생님에 대한 학부모의 신뢰도를 의미한다. 선생님에게 전공이나 경력을 묻는 엄마는 두 부류이다. 엄마가 나름 고학력자나 학습지도 경력이 있는 경우이다.

이런 경우 자신의 전공이나 학력에 자신이 있는 분이라면 사실대로 선생님의 경력과 전공을 당당하게 상담하면 된다. 그렇지 않은 경우는 학부모에게 질문하듯이 상담을 하는 것이 좋다.

"어머님께서는 아이를 지도할 때 무엇이 가장 중요하다고 생각하시나요? 물론 어머님 생각처럼 전공이나 경력도 중요하겠지만 저는 기본적으로 아이를 얼마나 잘 이해하고 현재 상황에 어떤 문제점이 있고 그것을 어떻게 해결해 줄까 고민하는 마음이 더 중요하다고 생각합니다. 그러기 위해서는 아이를 좋아하고 아이와 편히게 소통할 수 있는 능력이 필요하다고 봅니다. 이런 면에서 저는 누구보다 자신 있습니다. 서울대 나온 학생이 무조건 학생을 잘 가르치지는 않습니다. 어머님께서 걱정하실 정도의 실력이라면 이 일을 시작하지 않았을 것입니다. 그러니 저를 믿고 맡겨 주시면 성심껏 지도하여 어머님께서 실망하시지 않도록 하겠습니다."

이렇게 자신감 있게 대응하는 것이 중요하다.

공부, 숙제, 간식, 보육까지 원하는 엄마

이런 유형의 학부모는 주로 직장에 다니는 경우가 많다. 그러다 보니 엄마가 해주지 못하는 부분을 요구하기도 한다. 하지만 무조건 그 요구를 다 받아 주면 곤란한 경우가 발생하기도 한다. 처음엔 안타까운 마음이 있어 이것저것 다해 주겠지만, 아이들이 많아지고 바빠지면 선생님이 감당할 수 없는 부분이 생긴다. 여의치 않은 상황에도 선생님은 최선을 다해 아이를 챙겨 주었지만, 조금이라도 소홀해지면 처음의 약속과 다르다는 이유로 불만의 소리를 듣게 된다.

따라서 선생님이 끝까지 해줄 수 있는 부분을 명확히 밝히고 모두 보살펴 주겠다는 표현보다는 가령 학교 숙제를 봐 달라고 하는 경우 숙제를 했는지 체크 정도는 해줄 수 있다는 정도로 상담하는 것이 좋다. 직장 다니는 엄마는 늘 아이를 제대로 챙겨 주지 못하는 것을 많이 안타까워한다. 오히려 적극적으로 엄마의 마음을 살펴 상담하는 것도 좋은 방법이다. 아이가 아플 때를 대비하여 상비약을 늘 구비하고 있다는 점, 간식이 필요할 때는 간단하게 빵 종류 정도 제공한다는 점, 수업이 끝나면 조용히 앉아서 책을 읽을 수 있는 공간을 마련하고 있다는 점 등을 제시하면 직장 다니는 엄마는 믿고 맡길 만한 곳이라고 생각한다.

성적에만 급급한 엄마

공부방에 아이를 보내는 학부모라면 누구나 좋은 성적이 나오기를 기대한다. 하지만 좋은 성적은 어느 날 갑자기 나오는 것이 아니라 공부 습관이 자리가 잡혔을 때 나오는 결과이다. 그런데 성적에만 급급한 엄마는 기다리지 않는다. 어떤 엄마는 시험 한 달 전에 와서 이번 시험은 꼭 잘 보게 해 달라는 요구하기도 한다.

이렇게 성적에 급급한 엄마는 아이의 성적을 정확히 파악하고 상담하는 것이 중요하다. 엄마의 말만 믿고 엄마가 말해 주는 성적으로 아이의 수준을 판단해서도 안 된다. 이런 엄마의 경우 보통 성적을 아이 수준보다 높게 말한다. 엄마의 설명에 수긍해주되, 테스트를 통해 아이 수준을 정확히 파악하고 상담을 하는 것이 우선이다. 테스트 결과를 바탕으로 아이의 수준을 정확히 이야기해 주면서 성적의 변화가 있기 위해서 어느 정도 시간이 필요하다는 것을 주지시켜야 한다. 하지만 반드시 확신을 줄 필요가 있다. 아이가 공부방에서 정착을 잘하고 선생님의 지도를 잘 따라준다면 분명히 좋은 결과가 나타난다는 확신을 주어야 선생님을 믿고 맡기게 된다.

회비 할인을 요구하는 엄마

회비를 할인해 달라고 요구하는 엄마는 여러 과목을 신청하거나 형제자매를 보낼 때의 경우이다. 회비 할인은 어떤 회원에게는 해주고 어떤 회원에게는 안 해주는 차별적인 혜택이 돼서는 안 된다. 회비 할인 혜택은 공부방에서 공통기준을 정하여 똑같이 적용해야 한다. 그래야 추후 문제가 생기지 않기 때문이다. 가정 형편을 이유로 배려를 해주고 싶은 마음이 있는 학부모라면 장학생 제도를 만들어 기준을 두고 장학금 지원 형식을 만들어 보는 것도 좋은 방법이다.

선생님만 믿어요 하는 엄마

초보 선생님의 경우 이런 엄마를 만나면 상담이 그렇게 어렵지 않다고 생각할 수 있다. 왜냐하면 상담은 그렇게 오래 하지 않았는데 등록 여부는 금방 결정하고 무조건 선생님만 믿는다고 말하기 때문이다. 이런 엄마는 아이가 보내 달라고 하면 보내주고 아이가 가기 싫다고 하면 다른 곳을 알아봐 주는 경향이 있다. 그리고 시험 결과가 나왔을 때 역시 책임도 오롯이 선생님께 돌리며 그 결과에 따라 자주 학습 형태를 바꾸기도 한다.

그래서 이런 유형의 엄마는 상담 시 엄마의 역할을 조금이라도 주는 것이 필요하다. 공부방에 오는 시간이나 시험 기간만이라도 숙제를 체크 해주는 관심이 필요함을 이야기하고 교육의 효과를 위해서 부모의 관심은 중요하다는 것을 강조해야한다. 그렇지 않으면 아이의 단순한 의사에 따라 다른 곳으로 옮길 가능성이 크다.

실패가 없는 상담 배우기

1. 상담 프로세스로 자가 진단

상담 일시:

학년/이름:

상담 단계	내용
상담 준비하기	
분위기 조성	
학부모 정보와 니즈 파악	
차별화된 프로그램 제시	
정기적인 상담 약속과 신뢰감 주기	

2. 공부방 내방 유도 전화 상담 멘트 작성하기

단계	내용
공부방 문의 경로 파악	
학부모 정보 파악	
공부방 방문 유도	
상담 시간 제시	

3. 고객 거절 극복 상담 멘트 써보기

거절내용	거절 극복 상담 멘트
차량 운행이 안 되니까 생각해봐야겠어요.	
저는 보내고 싶은데 아이가 생각도 중요해서요. 아이랑 이야기해 보고 결정할게요.	
지난번 보냈던 곳보다 수업료가 더 나가게 되니 고민이 되네요.	

4. 고객 유형별 상담 멘트

학부모 유형	상담 멘트
헬리콥터형 엄마	
쉽게 결정하지 못하는 엄마	
전공 · 경력을 묻는 엄마	
공부, 숙제, 간식, 보육까지 원하는 엄마	
성적에만 급급한 엄마	
회비 할인을 요구하는 엄마	
선생님만 믿어요 하는 엄마	

- 5장 -

입소문 잘 나는
회원 관리

작은 것이 만드는 감동

> 손님의 뒷모습을 바라보며 세 가지만 생각하라.
> 이 손님이 오늘 나를 통해 만족했을 것인가?
> 이 손님이 다시 올 것인가?
> 이 손님이 다음에 다른 손님을 모시고 올 것인가?
> 『육일약국 갑시다』 중에서

지금은 교육 회사의 대표지만 『육일약국 갑시다』의 김성오 저자는 마산 변두리에 있는 4.5평의 육일약국을 그 지역의 랜드마크로 만들기 위해 택시를 타면 무조건 육일약국으로 가 달라고 했다고 한다. 그런 무모함으로 1년 6개월간 지속적인 노력 끝에 기사의 50%가 '육일약국'을 알게 만든 장본인이다. 3년 후에는 기사들이 마산, 창원에서 '육일약국'을 모르면 간첩이라고 할 정도였다고 하니 놀라운 일이다.

약국에 온 모든 손님의 이름을 외운 노력, 택시 기사들을 위해 약국 한쪽 서랍을 동전으로 가득 채워 수수료 없이 동전을 교환해 줬던 마음, 공중전화도 많지 않은 시절에 약국 안에 있는 전화기를 무료로 쓰게 하는 고객을 향한 감동 서비스가 육일 약국의 입소문을 만들었다.

100-1=99가 아니라 0이다.

1%의 부족함이 전체를 0으로 만들 수 있다.

100+1=101이 아니라 200이다.

1%의 정성으로 전체를 2배로 만들 수 있다.

디테일의 힘 (왕융칭) 중에서

대만 제일 갑부 왕융칭 포모사 그룹 회장은 어려서 가난 때문에 학업을 제대로 마치지 못했다. 16세에 고향을 떠나 자이라는 곳에서 쌀가게를 오픈하였는데, 이미 그 작은 도시에는 30여 개의 쌀가게가 영업하고 있었다. 그 작은 도시에서 후발 주자로 많은 쌀가게와 경쟁해야 할 형편이었다. 그렇게 200위안의 돈으로 외딴 골목에 허름한 가게를 열게 되었다. 그야말로 신생 가게, 작은 가게, 단골 없는 가게, 소매가게 모습으로 시작한 것이다. 처음엔 장사가 잘될 여건이 아니었다. 고전을 탐독하던 왕융칭은 어느 날 한 아이디어를 떠올리게 된다.

그 당시 농사는 수공 방식으로 진행되어 수확한 쌀에 잔돌과 모래가 많이 섞여 있었다. 그래서 사람들은 밥 짓기 전에 쌀을 일어야 하는 번거로움을 감내해야 했다. 대부분 사람이 그것을 당연하다고 받아들였다. 하지만 왕융칭은 생각이 달랐다. 그는 자신이 파는 쌀에서 이물질을 골라내기 시작했다. 얼마 지나지 않아서 사람들 사이에서 "그 가게에서 쌀을 사면 쌀을 일 필요가 없다"라는 소문이 퍼졌다. 결국 사소한 서비스를 통하여 쌀의 품질을 높이고 가게의 이미지를 업그레이드한 것이다. 그는 여기에 그치지 않았다.

첫째, 배달 서비스를 시행했다.

노인, 주부에게는 쌀이 무겁게 느껴지니 직접 가정까지 배달해 주었다. 혼자 사서 갈 때는 무거운 무게를 고려하여 적은 양을 구매해도 배달을 해주니 주문량 역시 많아졌다. 고객의 작은 불편함을 적극적으로 해결하는 노력의 결과라 할 수 있다.

둘째, 기억 서비스를 철저히 실천했다.

일단 고객의 집에 한 번이라도 배달을 가면, 그 집의 쌀독 위치, 크기, 가족 수, 어른과 아이 숫자, 식사량 등 아주 작은 부분도 확실하게 기억했다. 자연히 일정 시간이 지나면 재구매 시점도 예측 가능했다. 고객에 대한 적극적 관심을 데이터화하고 그것을 다시 고객 관리로 활용하여 좋은 결과로 이어진 것이다.

셋째, 정성 서비스를 제공했다.

쌀독에 쌀을 부어 주면서, 남은 쌀을 따로 다른 그릇에 두고, 쌀독을 씻고 난 후에 새 쌀을 먼저 붓고 남은 쌀을 그 위에 부어 주었다. 이를 통해 오래된 쌀이 묵은쌀이 되지 않도록 하면서 고객의 감동을 끌어냈다. 고객이 미처 느끼지 못한 부분을 서비스로 제공했을 때 고객은 더 감동한다는 사실을 실천한 것이다.

어떤 사업을 하든지 그 사업을 하는 사람들이 가장 바라는 것은 입소문이 나서 고객들의 발길이 끊이지 않는 것이다. 입소문은 사업 성공 여부를 판가름하는 척도이기도 하다. 하지만 입소문이라는 것은 한두 달 안에 나지 않는다.

소문은 신기하게도 소문의 종류에 따라 속도가 다르다. 나쁜 소문은 발이 없는 소문이 천 리를 가는 것처럼 빨리 퍼진다. 그러나 좋은 소문은 발이 있어야 퍼지고 소문의 속도가 일정 궤도에 오를 때까지 시간이 걸린다. 나쁜 소문은 누가 어떻게 하지 않아도 퍼지기 마련이다. 그러나 좋은 소문은 소문에 발을 달아 주어야 한다. 더 빨리 소문이 나려면 날개를 달아 주어야 한다. 어떻게 소문의 날개를 달아 줄 것인가? 정답은 앞에서 언급한 김성오 대표의 세 가지 생각과 왕융칭의 디테일한 관리에서 찾을 수 있다.

첫 번째, 이 손님이 오늘 나를 통해 만족했을 것인가?

공부방 사업에서 손님은 두 명이다. 한 사람은 학부모요, 또 다른 한 사람은 아이들이다. 먼저 학부모가 공부방에서 상담받은 내용에 만족할 것인가를 생각해야 한다. 또한 아이들이 오늘 나와의 수업에서 만족했을 것인가도 중요하다.

두 번째, 이 손님이 다시 올 것인가?

학부모가 상담이 만족스러웠다면 분명 다시 올 것이다. 매달 교육 정보를 공유하기 위한 간담회를 열었는데 한 번 오고 다음에 초대해도 반복적으로 오지 않았다면 학부모가 만족하시 않았다는 것이다.

아이들 역시 공부방 수업과 선생님에게 만족한다면 내일도 오고 싶고 한 달 뒤에도 오고 싶은 생각이 들 것이며 그런 아이는 일 년 뒤에도 여전히 공부방에 다닐 것이다.

세 번째, 이 손님이 다음에 다른 손님을 모시고 올 것인가?

앞의 두 가지 요소에 집중해도 입소문에 발은 달아 줄 수 있으나 소문에 날개를 달아 주는 핵심은 바로 이 세 번째이다. 어떤 화장품을 썼는데 정말 좋으면 어떻게 하는가? 화장품 회사가 나에게 광고해 달라고 하지 않아도 다른 사람에게 너무 좋다고 이야기한다. 심지어 한 번 써 보라고 선물하기도 한다.

공부방도 마찬가지이다. 공부방에서 정기적으로 여는 간담회에 만족하는 학부모는 선생님이 이야기하지 않아도 다른 엄마에게 함께 가보자고 이야기한다. 아이들 역시 공부방에서 체험 활동이 재미있으면 옆 짝꿍에게 이야기하고 선생님이 좋으면 자기가 좋아하는 친구에게 같이 다니자고 이야기한다.

결국 입소문은 학부모 관리를 어떻게 하느냐에 달려있고 그 관리에 얼마나 감동이 있느냐가 공부방의 성공을 좌우한다. 감동을 주는 관리가 되려면 디테일해야 한다. 누구나 할 수 있는 관리이지만 얼마나 꼼꼼하게 관리하느냐가 중요하다. 출결 관리, 교재 관리, 숙제 관리, 진도 관리나 평가 관리 등에서 세심한 관리가 다른 공부방과의 차별화를 만든다. 왕용칭이 강조한 1%의 디테일함을 간과해서는 안 된다. 여기에 지속적인 꾸준함이 함께 병행되어야 한다. 한두 번 즐겁고 유익한 체험 행사를 하는 것은 다른 공부방도 할 수 있다. 그러나 그것이 입소문이 되려면 지속적이어야 하고 정기적으로 이루어져야 한다.

소비자는 어떤 제품에 만족과 감동을 하면 6명에게 알리지만 불만족스러우면 22명에게 알린다고 한다. 앞서 말한 것처럼 나쁜 소문은 발이 없어도 천 리를 간다는 말이 틀린 말이 아니라는 말이다. 그래서 한 명의 휴원을 두려워해야 한다. 불가피한 사정으로 공부방을 그만두는 것은 어쩔 수 없으나 학부모나 아이의 불만으로 인해 그만두는 일이 없도록 관리가 필요하다. 휴원의 경우는 휴원 전 징후들이 있으므로 그 징후를 최대한 빨리 제대로 파악하여 휴원을 예방하는 것이 공부방의 좋은 입소문을 지키는 방법이다.

디테일이 다른 소문난 공부방

전국에 있는 잘나간다는 공부방 선생님들의 성공 스토리를 들어보면 서두에 공통으로 시작하는 말이 있다.

"사실, 제가 하는 방법이 다른 선생님들이 하는 방법보다 특별한 것은 없습니다. 대부분 선생님이 다 아는 것이고 다 하실 수 있는 것들이에요"라고 말하면서 공부방 성공의 노하우를 이야기한다. 그 이야기를 듣고 나면 정말 특별하거나 대단한 게 아니다. 다만 어떤 선생님이라도 할 수 있는 것을 조금 더 꼼꼼하게 정성을 담아 그 정성이 학부모와 아이에게 전달될 수 있도록 하고 있다. 그것이 소문난 공부방, 다른 공부방과 차별화되는 공부방의 비법이다.

소문난 1등 공부방 선생님의 디테일함은 타 공부방의 선생님과 1% 다르다. 어떻게 하면 학부모와 아이들이 좋아하고 만족할까? 어떻게 하면 학부모와 아이들에게 불만과 불편을 줄여 줄 수 있을까를 고민한다. 그들이 이야기하는 섬세함은 여러 가지가 있는데 공통적인 부분은 크게 꼼꼼한 학습 관리와 상담 관리이다.

출결 관리

학습 관리의 기본은 출결 관리부터 시작한다. 학부모와 아이들에게 가장 중요한 것은 공부 습관을 잡아주는 것이다. 공부 습관이 제대로 잡히기 위해서는 매일 일정한 시간에 공부방에 와서 일정한 양의 학습을 하는 것이 중요하다. 그래서 아이와 학부모 모두에게 중요하다는 인식을 심어줘야 하는 것이 출결이다. 학부모에 따라서는 한 달에 한두 번 빠지는 것이 별일 아니라고 생각할 수 있지만 어떤 일이 생겼을 때마다 공부방 수업을 빠져도 된다고 생각하면 언제든지 그만두어도 된다는 생각으로 이어지게 된다.

그러므로 출석이 100%인 경우 월별 별도의 상장을 준비하거나 보상을 준비하여 칭찬해 주고, 다른 아이들에게도 매일 공부방에 오는 학생을 모범으로 인식시키는 것이 필요하다. 학부모에게도 혹시 아이가 배가 아프거나 머리가 아파서 쉬고 싶다고 이야기할지라도 꼭 공부방 선생님에게 가서 이야기하고 쉬라고 당부할 수 있어야 한다. 아이들은 의외로 아프다고 했다가도 막상 공부방에 와서 친구들과 이야기하거나 선생님이 주는 작은 간식에 기분이 좋아져서 괜찮아졌다고 하는 경우가 많다.

숙제 관리

요즘 아이들은 공부방 외에 다니고 있는 학원이 많아서 숙제를 내

주면 상당한 부담을 느낀다. 숙제는 아이의 상황에 따라 반드시 아이가 할 수 있는 분량을 주어야 한다. 초등의 경우, 숙제의 양은 집에서 아이가 30분 이내로 풀 수 있는 양을 주는 것이 적당하다. 아이가 숙제를 건성으로 해 오는지 성실하게 해 오는지 파악해서 아이 스스로 본인이 할 수 있는 숙제 분량을 정하도록 하는 것도 하나의 방법이다. 그리고 숙제를 잘해 오는 경우 칭찬을 통해 아이 학습에 동기를 부여하고 숙제가 학교 공부에 실제로 도움이 되는 경험을 제공해 주는 것이 중요하다.

상황에 따라 숙제를 내주지 않았으면 좋겠다고 말하는 학부모도 있다. 이런 경우 학부모 의견을 전적으로 수용하기보다는 평소에는 공부방 수업을 마치고 별도로 남아서 20분 정도 숙제를 할 시간을 준다든지, 학교 평가 준비 시에는 어느 정도 숙제가 필요하고 학부모의 관심이 필요하다는 것을 설득해야한다.

교재 관리

교재는 아이들이 공부방에 두고 다니는 경우와 가지고 다니는 경우가 있다. 아이마다 교재를 잘 챙기는 아이와 그렇지 않은 아이가 있으므로 구별하여 교재를 관리할 필요가 있다. 교재 관리가 잘되지 않으면 진도 관리가 소홀해질 우려가 있으므로 관리에 신경써야 한다. 아이들이 교재를 가지고 오지 않을 때마다 프린트를 활용하는 경우가 있는데 그것이 반복되면 학부모에게 결코 좋은 이미지를 줄 수

우리 동네 1등 공부방

없다. 아이는 교재를 대수롭지 않게 여기게 되고, 학부모는 아이가 공부방에서 학습을 제대로 하지 않았다고 오해할 수 있기 때문이다.

교재 관리에서 꼼꼼함을 드러내는 것은 교재에 아이가 공부한 흔적을 많이 남기는 것이다. 그리고 선생님의 가르침의 흔적을 많이 볼 수 있어야 한다. 교재를 꼼꼼히 보는 학부모들은 어떻게 교재를 활용했는지에 따라 선생님의 지도력을 평가하기도 한다. 교재에 틈틈이 포스트잇을 활용하여 아이에게 다시 한 번 답을 써 보게 한다든지 칭찬 문구를 써 주거나 중요한 부분은 강조 표시를 해주며 흔적을 남기는 것도 하나의 방법이 될 수 있다.

아이가 푼 문제를 채점하는 것도 중요한 부분이다. 채점은 될 수 있으면 그 시간 내에 이루어져야한다. 아이도 자신이 무엇을 모르고 무엇을 틀렸는지 그 시간에 알아야 기억력과 집중력이 유지되고 선생님도 아이의 부족한 부분을 제대로 파악할 수 있다. 그리고 채점 역시 꼼꼼히 한 문제 한 문제마다 해주는 것이 좋다. 아이도 그 한 문제를 풀기 위해 고민한다. 채점은 그 고민에 대한 보상이므로 소홀히 해서는 안 된다.

오답 관리

아이들이 학습에서 개념을 정확히 이해하는 것은 중요하다. 개념을 정확하게 이해했는지 확인하기 위해서는 오답 관리가 꼼꼼해야 한다. 특히 오답 관리는 학교 성적과도 밀접하게 관련되므로 선생님이 놓쳐서는 안 되는 부분이다. 오답을 관리하는 방법은 교재 자체에서 해결하는 부분도 있으나 고학년의 경우는 오답 노트 관리를 해주는 것이 학부모의 만족도를 높일 수 있다. 수학은 틀린 문제를 중심으로 오답 관리를 하고 사회나 과학 같은 경우는 개념 노트 관리를 해주는 것도 좋은 방법이다. 오답 노트와 개념 노트의 지속적인 관리는 아이가 스스로 공부 방법을 깨우치기 때문에 중, 고등학교에 가서도 습관으로 자리 잡을 수 있어 입소문이 나는 비결 중의 하나다. 그러나 처음 시도하다 보면 힘들어하는 아이들 때문에 선생님도 끝까지 아이들을 끌고 가지 못한 채 중도에 포기하는 경우를 많이 본다. 힘들어하는 경우 포기하기보다는 양을 적절하게 조절해 주면서 습관으로 자리 잡을 수 있도록 도와주는 것이 중요하다. 1년 정도 쓰게 되면 아이들 스스로 오답 노트 쓰기에 대한 만족도가 높아진다.

꼼꼼 상담 관리

대면 상담

선생님이 일반적으로 선호하는 관리는 간단한 전화나 문자이다. 그러나 전화나 문자만으로는 학부모와의 친밀한 관계 형성이 어렵다. 그래서 정기적인 대면 상담이 필요하다. 대면 상담도 개인적인 대면 상담과 간담회 형태의 상담으로 나누어 진행하는 것이 좋다.

개인적인 상담을 할 때는 반드시 아이의 구체적인 상태와 변화를 중심으로 상담해야 한다. 막연하게 '우리 ○○이는 잘하고 있어요'라는 상담은 엄밀하게 말해서 상담이라 할 수 없다. 공부방에 오기 전 상담 내용에서 학부모의 니즈가 무엇이었는지 상기하고 그 부분이 어느 정도 달라지고 있는지 학부모가 확인할 수 있어야 한다. 또한, 추후 아이에 대한 학습 계획을 어떻게 준비하고 있는지를 보여줘야 한다. 이렇게 아이의 변화 관리와 차후 계획 관리가 되고 있다는 상담이 될 때 학부모는 선생님에게 흔들리지 않는 믿음을 갖게 된다.

간담회 형태의 상담은 최근 교육 트렌드나 공부방 운영의 변화, 시기별 교육 이슈를 중심으로 진행하는 것이 좋다. 특히 직장을 다니는 학부모들에게는 학교 정보를 꼼꼼하게 챙겨 제공해 주는 것이 중요하다. 직장맘들이 가장 아쉬운 부분이므로 작은 정보 하나에도 선생님에게 고마운 마음을 갖는다.

간담회 형태의 대면 상담은 자료를 준비하고 공부도 해야 하므로 부담이 되고 쉬운 일은 아니다. 하지만 다른 공부방에서 잘 하지 않은 방법이고 차별화를 줄 수 있는 전략이므로 경험이 많은 선생님이라면 해볼 만한 상담 관리법이다.

이 두 가지 형태가 적절하게 병행되어 상담이 이루어지면 학부모와 친밀감뿐만 아니라 신뢰감을 쌓을 수 있다. 또한 공부방 선생님의 전문적인 이미지를 만들 수 있는 좋은 방법이다.

전화 상담

선생님들이 가장 부담스럽지 않아 흔히 하는 게 전화 상담이지만 가장 쉽지 않은 상담이기도 하다. 왜냐하면, 전화는 상대의 표정을 읽을 수 없고 상대의 상황을 정확하게 파악할 수 없어 상담에 집중하기 어렵기 때문이다. 또한, 학부모가 아이의 학습 결과물을 직접 볼 수 없어서 선생님이 말한 내용을 온전히 믿기도 쉽지 않다. 그래서 정기적으로, 전략적으로 전화 상담이 이루어져야 학부모의 신뢰를 얻을 수 있다.

전화 상담은 월초나 월말로 정해 월 1회 정기직으로 해야 한다. 그리고 학부모가 상담에 집중할 수 있는 시간대를 선정해서 전략적으로 상담해야 한다. 가정주부인 학부모는 오전 10시~12시, 직장인 학부모는 미리 편한 통화 시간을 확인하여 통화하는 것이 좋다. 통화 시간 역시 너무 길지 않게 10분 이내가 적당하다.

상담에는 반드시 아이에 대한 상담의 목적이 있어야 한다. 학부모가 궁금한 것은 아이의 학습 상태나 변화하는 모습이다. 그런데 선생님들은 보통 아이가 오지 않았다거나 아이에게 무슨 일이 생겼을 경우, 또는 회비 납부가 되지 않았을 경우 전화를 한다. 이런 전화만 반복되면 학부모는 더 이상 전화를 받지 않는다. 선생님이 무엇을 이야기할지 이미 예상하는 탓이다.

아이가 수업 도중 많이 졸고 있다면 취침 시간이 늦어지는 것인지, 체력이 약해진 것은 아닌지 등 아이의 상황 파악 목적이나, 부족한 부분을 보완하기 위한 추가 프로그램 상담과 같은 상담의 목적이 있어야 학부모는 꼼꼼한 관리를 받고 있다는 인식을 하게 된다.

우리 동네 1등 공부방

입소문의 첫 번째 성적 관리 전략

학교 성적은 학부모에게 가장 예민한 부분이며 공부방 선택의 중요한 결정 요소로 작용한다. 공부방의 입소문이 빨리 나는 경우도 성적 결과이다. 특히 공부방을 오픈하고 처음 보게 되는 시험 결과는 학부모뿐만 아니라 선생님 역시 신경이 많이 쓰이는 부분이다.

공부방에서 공부방 아이들이 전 과목이 백 점이 나온다거나 공부방 다니기 전에 하위권에 있던 아이들이 상위권으로 오르는 것을 보며 학부모의 마음이 움직이는 것은 어쩌면 당연한 일인지도 모른다. 그러나 아이들의 성적 향상은 단시일 내에 나오는 결과가 아니다. 또한 요즘 평가 유형이 서술형, 논술형 비중이 높아지고 있고, 중간, 기말과 같은 정기적인 평가보다는 단원 평가와 같은 상시 평가가 많이 이루어지고 있어 성적 결과로 학부모의 마음을 움직이기는 더욱 어려워졌다. 정기적인 중간, 기말 평가가 아예 없어진 학교가 있고 중간고사 없이 기말고사만 치르는 학교도 있어서 시험 대비 전략은 물론 평가 사후 관리 전략이 중요하다.

초등기 아이들은 평가 결과도 중요하나 공부 기초 체력을 만들어 주는 중요한 시기이다. 한두 번의 결과로 아이들을 판단할 수 없고 공부 습관의 변화가 성적 향상의 결과로 이어지기 때문에 변화의 시간이 필요하다. 우선, 공부 습관을 만들어 주어야 하는 초등기 학습의 중요성이 학부모와 공감대가 형성되어야 한다. 그리고 평가 결과에 대한 책임감 있는 상담으로 당장의 결과를 떠나 선생님에 대한 신뢰를 만들 수 있어야 한다.

시험 대비 관리

초등 시험 관리

초등 저학년 아이들은 아직 시험에 대한 개념이 형성되어 있지 않다. 학교에서 시험을 왜 보는지, 무엇을 보는지 잘 파악하지 못한 채 시험을 보는 경우가 많다. 그러다 보니 선생님이 시키는 대로 문제를 풀고 시험을 보게 된다. 그나마 아이가 시키는 대로 잘 따라주면 어느 정도 점수가 나오겠지만, 그렇지 않으면 선생님 마음만 답답한 상황이 발생한다.

따라서 저학년에게는 공부한 내용을 잘 알고 있는지 확인하는 것이 시험임을 이해하도록 설명해주고, 시험을 보기 위해서는 준비를 해야 함을 이해시켜 주어야 한다. 이런 과정을 통해 아이들은 시험의 중요성을 인식하고 시험에 대한 부담을 덜게 된다. 또한, 학년이 올라갈수록 시험을 대비하는 데 자연스럽게 동기부여가 될 수 있다.

고학년의 경우 시험관리는 시험 대비를 위한 별도의 시간을 할애하기보다는 평소 관리가 중요하다. 평소에 공부방 수업이 끝나고 나면 그 시간에 배운 내용 중 중요한 단어나 문장 3가지를 말하고 쓸 수 있도록 한다. 이 활동만 꾸준히 진행해도 평소 학교에서 이루어지는 상시 단원 평가는 무난하게 볼 수 있다.

저학년 아이들은 한 과목에 집중해서 준비해 보는 것도 좋은 방법이다. 예를 들어 2학년 아이들이 수학 시험에 집중하여 대비하도록 지도한 다음, 공부방 아이들 전체가 수학에서 좋은 결과를 얻도록 하는 것이다. 아무리 쉬운 단원이라 할지라도 저학년 아이들은 시험을 본 경험이 많지 않아 모두 100점을 맞기란 쉽지 않다. 그러나 만약 공부방에 다니는 아이들이 수학 과목에서 모두 100점이 나오면 아이들도 시험 결과로 인한 성취감이 높아지고 엄마들 사이에 입소문이 빨리 나면서 소문나는 공부방이 되는 하나의 전략이 될 수 있다.

중등 시험 관리

중학생이 되면 공부하기 싫어하거나 못하는 아이들도 대부분 시험에 대한 부담감이 있다. 시험이 다가오면 이에 대한 스트레스 역시 높아진다. 중학생은 학습의 양이 많아지고 평가 문제도 고난이도가 되기 때문에 시험에 대한 별도의 준비가 필요하다. 수행평가나 단원평가만 보는 초등 시험과 달리 시험을 보는 양이 많아 평소 학습뿐만 아니라 시험 대비 집중 전략이 없으면 좋은 결과를 얻기 어렵다. 또한 서술형, 논술 문제가 많아지고 있어 별도의 서술형, 논술 문제 유형에 대한 문제 풀이 연습이 필요하다.

중등 시험은 시험 2주일 전부터 본격적인 시험 준비가 이루어지도록 해야 한다. 우선 각 과목의 단원에서 모르는 부분을 정확히 확인하도록 해야 한다. 또 문제를 풀어 보면서 반복적으로 틀리는 문제 유형을 파악해야 한다. 이런 문제 유형을 파악하려면 기존 문제집에서 아이 스스로 찾아보도록 하고 시험 준비를 위해 새로운 문제집을 별도 구매하기보다는 다시 한 번 반복해서 풀어 보는 것이 더 효과적이다.

중등 대상 공부방이 시험으로 입소문이 나기 위해서는 아이들 수준에 따른 전략이 필요하다. 공부 잘하는 아이가 공부방에 다니면, 전 과목이 백 점이 나올 수 있도록 집중관리를 해야 한다. 그러기 위해서는 공부를 잘하는 아이도 실수하는 경우가 종종 발생하므로 실수의 원인을 파악하고 오답노트를 통해 줄이는 연습을 하도록 신경 써야 한다.

그동안 눈에 띄지 않는 아이나 학습 방법을 몰라 좋은 결과가 나오지 못했던 아이를 집중적으로 관리하여 좋은 결과가 나오도록 하는 것도 긍정적 입소문이 나는 방법이다. 이런 아이의 경우는 또래 친구들에게 더 관심받는 경우가 많다. 평소 자신보다 부족하다고 생각했던 친구가 잘하게 되면 그 이유가 궁금해지기 마련이고 그 이유가 그 친구가 다니는 공부방이라고 듣게 되면 자연스럽게 엄마에게 이야기하기 때문이다.

평가 상담 관리

공부방에 다니는 아이들이 모두 좋은 결과가 나온다면 무엇보다 선생님들이 보람되고 뿌듯할 것이다. 그러나 그 결과가 단순한 보람에서 끝나도록 해서는 안 된다. 공부방 선생님 중에 성적을 잘 관리했음에도 불구하고 그 결과가 공부방 성장에 생각만큼 큰 도움이 되지 않았다고 이야기하는 분들이 있다. 그 이유가 무엇일까? 그것은 선생님이 시험 후 상담을 전략적으로 하지 않았기 때문이다.

반면에 시험 결과가 그다지 좋지 않았음에도 불구하고 공부방을 그만두는 회원이 없는 선생님의 이야기도 있다. 그 선생님은 어떤 비결을 가지고 있는 것일까? 이런 선생님은 시험 전후 상담을 제대로 했기 때문이다. 소문은 제대로 나면서 회원을 유지하는 상담을 살펴보자.

시험 결과가 좋은 경우

시험 결과가 좋은 경우 상담할 때 유의해야 할 것은 바로 적당한 겸양의 표현이다. 시험 결과를 놓고 너무 공부방 선생님의 공을 내세우면 선생님에 대한 고마움보다는 아이의 노력과 역량으로 인한 결과라면서 선생님을 당황하게 하는 학부모도 있다. 그러므로 믿고 맡겨 준 학부모에 대한 감사 인사와 평소 아이의 학습 태도 향상, 꼼꼼한 시험 대비 관리를 내용으로 상담해야 학부모 역시 선생님에 대한 고마움을 표현한다. 이런 상담에서 한발 더 나아가 다른 고객 추천을 이야기해도 좋다. 좋은 결과를 만들어 준 보상에 대한 소개가 아니라 아이와 학부모의 칭찬을 담아 소개를 유도해야 한다.

어머님~ 이번 시험에 우리 ○○이가 좋은 결과가 나와서 기분이 너무 좋으시죠? 저도 정말 뿌듯하고 기쁘게 생각하고 있어요. 어머님께서 그동안 절 믿고 맡겨 주시고 우리 ○○이도 공부하기 힘든 시간도 있었을 텐데 잘 따라와 주어서 이런 결과가 나온 것 같습니다. 특히 ○○이가 수학 5단원을 무척 어려워했는데 어려운 문제를 포기하지 않고 끝까지 푸는 모습이 대견했습니다. 시험 준비 기간에 틀린 문제를 설명해 줄 때도 이해가 가지 않으면 다시 한 번 묻고 숙제가 많은 날에도 다 해 오더라고요. 이 부분은 어머니께서 칭찬을 많이 해 주셨으면 합니다. 앞으로도 우리 ○○이가 더 발전해 갈 수 있도록 지도하겠습니다. 어머니~ 우리 ○○이가 즐겁게 공부하고 선의의 경쟁을 통해서 한 단계 더 점프할 수 있는 환경을 만들어 주고 싶은데 혹시 어머님과 우리 ○○이처럼 저를 믿고 함께 공부할 친구가 있으면 좋을 것 같아요. 주변에 있으면 소개 부탁드려요.

시험 결과가 좋지 않은 경우

공부방을 시작한 후 치른 첫 시험에서 아이의 시험 결과가 좋지 않으면 선생님은 학부모에게 심적으로 불편하다. 그래서 어떤 선생님들은 학부모와의 상담이 부담스러워 꺼리기도 한다. 그러나 상담을 피한다고 해서 해결되는 것은 아무것도 없다. 또한 시험 결과에 대한 책임을 선생님이 다 짊어질 이유도 없다. 시험 결과는 아이, 학부모, 선생님 모두가 만들어 낸 결과이기 때문이다.

시험 결과가 좋지 않은 아이도 시험공부를 하지 않은 것은 아니다. 시험 대비 과정에서 아이가 노력한 부분을 인정해 주고 부족한 부분이 무엇이었는지 학부모가 이해할 수 있도록 상담해야 한다. 혹여 아이를 지도하면서 놓친 부분이 있다면 정중히 시인하는 자세도 필요하다. 중요한 것은 현재 상태를 제대로 알려 주고 공부방에 다니면서 어떤 긍정적 변화가 있는지, 앞으로 아이의 부족한 학습 부분을 어떤 계획으로 채워 나갈지 등의 구체적인 상담이다.

학부모에게 당장 눈앞의 결과보다는 변화하는 아이의 모습에 관심을 가질 수 있도록 해주고 일정 기간 믿고 맡겨 주면 좋은 결과가 나올 수 있도록 하겠다는 의지의 표현을 확실하게 하여 공부방에 대한 믿음을 가질 수 있도록 해야 한다.

상담 멘트 예시

어머니~ 이번 시험에서 우리 ○○이가 생각만큼 결과가 좋지 않아 속상하시지요? 저도 무척 안타깝습니다. 하지만 우리 ○○이가 시험 기간에 사회 공부는 열심히 했어요. ○○이가 좋아하는 과목이다 보니 부족한 수학보다 사회를 더 공부하더라고요. 그래서인지 사회는 점수가 좋은데, 수학 점수가 좋지 않아 본인도 걱정하고 있습니다. 이번 시험 단원이 1학기 내용과 연관이 많은데 그때 생긴 학습의 누수가 이런 결과로 나오게 된 것 같습니다. 방학이 얼마 남지 않았으니 이번 기회에 1학기에 놓쳤던 부분을 잡을 수 있도록 꼼꼼히 지도할 테니 너무 걱정하지 마세요. 특히 수학은 기초를 탄탄하게 잡고 가는 것이 중요합니다. 지금 당장 결과보다는 어머니께서도 아시는 것처럼 학년이 올라갈수록 흔들리지 않는 실력을 만들어 주는 것이 중요하잖아요. 저를 믿고 꾸준히 보내 주시면 기초가 탄탄한 아이가 될 수 있도록 지도하겠습니다.

시험 관리 상담은 시험 전, 후 모두 필요하다. 시험 결과로 상담하기보다는 시험 전 언제 시험을 보고 어떻게 시험 대비를 하고 있는지 학부모와 소통해야 한다. 아이를 지도하면서 잘하고 있는 부분과 부족한 부분을 시험 범위 안에서 자세히 안내해 주고 부족한 부분은 집에서도 관심을 가질 수 있도록 해야 한다. 시험 결과가 나오기 전 예상 되는 결과를 넌지시 상담해 두면 학부모도 한 번 들은 이야기이고 예측했던 부분이었기 때문에 공부방을 그만두는 사태로 이어지는 것을 막을 수 있다. 이렇게 시험 전 상담이 이뤄지면 시험 결과가 나온 후 상담이 매끄러울 수 있다.

월별 이벤트 하나도 입소문을 만든다

요즘 공부를 잘하는 아이들은 공부도 잘하지만 노는 것 역시 잘한다. 공부방을 잘 운영하는 선생님 역시 학습적인 부분도 잘 관리하지만 아이들이 즐겁게 공부방에 다닐 수 있는 이벤트를 잘 활용한다. 어떤 선생님들은 매월 말일을 이벤트 데이로 정하여 떡볶이나 과자를 준비해서 아이들에게 재미를 준다. 또는 한 달 동안 모은 칭찬 쿠폰으로 문구류나 장난감 등 물건을 살 수 있는 달란트 시장을 열어 학습 동기를 높여주기도 한다.

이러한 이벤트도 정기적으로 꾸준히 하면 아이들에게 공부방에 다니는 재미를 줄 수 있는 요소가 된다. 그러나 공부방이 소문이 나기 위해서는 단순한 재미 중심의 이벤트가 아니라 학습과 연관된 체험 활동으로 학부모의 만족도까지 높여야 입소문이 날 수 있다.

공부방 이벤트 운영은 이벤트 행사를 담당하는 업체에 의뢰하여 학부모에게 일정 금액을 받아서 진행하는 경우가 있고, 선생님이 단독으로 프로그램을 기획하여 운영하는 방법도 있다. 그러나 어떤 이벤트를 하더라도 선생님이 신경을 써야 하는 부분이 많아 선생님이 계속 운영하기가 쉽지 않다. 그러다 보니 한두 번 진행하고 흐지부지

되어 공부방의 특별한 전략으로 만들지 못하는 선생님들이 대부분이다. 하지만 프로그램을 구성할 때 몇 가지 사항을 고려하면 선생님의 부담은 최소화하고 아이들은 즐거우며 학습적인 부분도 놓치지 않는 자신만의 차별화된 이벤트를 준비할 수 있다.

먼저 효율적인 비용이다.

아무리 좋은 프로그램일지라도 비용이 부담스럽다면 이벤트에 참여할 인원이 적어진다. 그리고 정기적으로 수업료 외에 추가적인 비용이 높게 발생하면 학부모는 수긍하기가 쉽지 않으므로 적정한 비용이 중요하다. 따라서 월별 행사는 그 지역의 경제 수준을 고려하여 부담되지 않는 선에서 할 수 있는 프로그램으로 운영하는 것이 좋다. 다만 방학 때 시간적인 여유가 있고 체험 활동에 대한 학부모의 니즈가 필요할 때는 3~5만 원 사이의 체험 활동을 해보는 것은 나쁘지 않다.

다음은 프로그램 선정과 장소이다.

프로그램 선정은 월별 이슈를 생각해서 구성해야 하고, 학습과 재미 요소가 잘 어우러진 내용이 좋다. 장소 선택 역시 너무 이동 거리가 멀거나 시간이 많이 소요되는 곳보다는 가까운 곳부터 시작해야 부담이 덜하다. 서울에 살아도 남산에 가 보지 않고 한강 유람선을 타지 않은 사람이 많은 것처럼, 쉽게 갈 수 있는 곳임에도 가지 않았거나 갔더라도 목적을 가지고 간 적이 없는 경우가 많다. 따라서 공부방에서 운영할 수 있는 자체 프로그램을 기획하여 거주하는 지역에서 1시간 이내로 움직일 수 있는 곳을 선택하는 것이 좋다.

끝으로 이벤트 활동 후속 관리와 공부방 이벤트를 통해서 새로운 회원을 유입하는 방법을 모색해야 한다.

아이들이 즐거워하는 모습이나 활동의 결과물을 학부모가 눈으로 확인할 수 있도록 해주는 것이 필요하다. 요즘은 SNS를 많이 활용하는데 별도의 밴드나 블로그, 인스타그램을 활용해서 이벤트에 참여한 아이들의 모습을 생생하게 볼 수 있도록 하면 학부모의 만족도가 높아진다. 그리고 이벤트에 새로운 아이들이 참여할 수 있도록 친구 초청 이벤트를 진행해 보는 것도 좋다. 이때 누구나 초청할 수 있도록 하는 것도 방법이지만 한 달 동안 열심히 공부한 친구들에게 친구 초청 쿠폰을 발행하여 공부방에 다니는 혜택으로 활용할 수 있다.

다음은 월별 이슈에 따른 공부방 이벤트 활동 예시이다.

1월 문화 데이

1월은 겨울 방학이고 추운 날씨로 인해 장시간 외부 활동이 어려운 달이다. 여름 방학과 달리 방학이 길고 학부모와 아이들은 방학 숙제도 신경을 쓰게 된다. 문화 데이를 만들어 아이들과 전시회를 가보는 것도 좋은 방법이다. 방학에 맞추어 다양한 전시회가 열리므로 인터넷 정보를 통해 알아보면 어렵지 않게 찾을 수 있다. 전시회에

갈 때는 학부모 참가를 유도해서 가족 단위의 문화 데이가 될 수 있도록 제안해도 좋다.

2월 꿈지기 데이

2월은 개학과 더불어 새 학년을 본격적으로 준비해야 하는 달이다. 그러나 설날 연휴가 있는 데다가 공부방에 오는 날이 적어 아이들 마음이 느슨해지는 달이기도 하다. 따라서 아이들이 새로운 마음과 의지를 다질 수 있는 활동을 준비하는 것이 좋다. 예를 들어 10년 뒤의 자기의 모습을 상상하며 어떤 모습이 되어 있을 것인지 생각해 보고 도화지에 꾸며 보는 시간을 갖는 것이다. 자신이 하고 싶은 일 버킷리스트를 만들어 보아도 좋다. 잡지와 가위, 풀, 색연필 등을 준비하여 꾸며 보고 발표하도록 한다. 아이들이 발표할 때 휴대폰으로 동영상을 찍어 학부모에게 보내 주어도 좋다. 아이들이 만든 작품은 공부방 게시판에 전시하고 아이들이 수시로 보면서 자신의 미래를 생각해 볼 수 있도록 한다.

3월 마니또 데이

3월은 새 학년, 새 학기가 시작되는 달이다. 새로운 교실에서 새로운 친구들과 선생님을 만나는 설렘도 있지만 새롭게 적응해야 할 시기로 정서적 안정감이 필요하다. 따라서 공부방에서 아이들과 친해질 수 있는 이벤트를 준비해 보는 것이 좋다. 예를 들면 월초에 학년별 마니또를 뽑도록 하여 서로에게 비밀 천사를 하게 한다. 그런 후 월말에 마니또 맞추기 게임과 마니또를 위한 작은 선물을 준비하여 전달하는 이벤트를 하는 것이다. 이런 활동을 하면 서먹할 수 있는 분위기가 완화되고 아이들끼리의 유대 관계가 형성되어 학습 분위기도 좋아진다.

4월 사이언스 데이

4월은 과학의 달이니만큼 흥미로운 과학 실험을 해보는 것을 추천한다. 인터넷을 검색해 보면 적은 비용으로 간단한 실험을 할 수 있는 실험 교구들이 많이 있다. 학년별 별도 구매하여 진행해도 좋고 학년 구분 없이 아이들이 흥미 있어 할 주제를 정하여 해봐도 좋다. 실험 교구를 미리 준비하지 못했다면 『초등학생을 위한 과학 실험 380』(바이킹출판사)라는 책을 미리 구비 해놓고 책 내용에서 간단히 할 수 있는 실험을 해보도록 한다. 한 가지 재료로 여러 가지 실험을 해볼 수 있어 유용하게 활용할 수 있다.

5월 공부방 패밀리 데이

5월은 날씨가 따뜻해지고 외부 활동하기 좋은 계절이다. 가정의 달이기 때문에 다른 별도의 행사가 많다. 공부방에서도 가족의 소중함을 표현할 수 있는 이벤트를 고민해 보되, 학교에서 하는 활동과 중복되지 않는 프로그램으로 준비해야 한다. 그것이 조금 어렵게 느껴진다면 공부방 미니 체육대회를 열어도 좋다. 가까운 공원 등을 선정하여 보물찾기, 줄넘기, 훌라후프, 제기차기 등 쉽고 간단한 프로그램으로 공부방 아이들의 우정을 쌓는 시간을 만들어 주는 것이다. 아이들끼리 서로 몸으로 부딪쳐 보며 웃고 노는 사이 유대 관계가 생기고 서로 챙겨 주는 마음을 볼 좋은 기회가 된다.

6월 시네마 데이

6월은 호국보훈의 달로 나라의 소중함을 생각해 볼 수 있는 시간을 만들어 주는 것도 괜찮다. 전쟁기념관이나 6 · 25 전쟁과 관련된 지역을 찾아가 보는 것도 좋은 방법이다. 거리나 시간상의 문제로 고민이라면 공부방 시네마 데이를 정하여 아이들에게 호국보훈에 관한 영화를 보여줘도 좋다. 영화 채널을 찾아보면 아이들에게 보여 주기 좋은 영화는 많이 있다.

7월 골든벨 데이

7월은 학교 시험이 끝나고 방학이 시작되는 달이다. 하지만 여름 휴가와 맞물려 월말에 공부방 이벤트를 진행하는 것이 고민이 되는 달이기도 하다. 그래서 7월 이벤트는 주로 방학식과 더불어 간단한 다과로 마무리하는 경우가 있다. 하지만 여기에 한 학기의 유종의 미를 잘 거둘 수 있도록 골든벨 데이를 운영하는 것도 좋다. TV 프로그램 중 하나인 도전 골든벨을 응용하여 "ㅇㅇ 공부방 골든벨을 울려라"를 진행하는 것이다. 푸짐한 상품과 상장을 준비하면 아이들은 즐겁게 도전한다.

8월 박물관 데이

8월은 방학과 맞물려 있는 달이다. 학부모들은 방학이기 때문에 즐거운 경험을 많이 할 기회를 주고 싶은 마음과 학기 중 부족했던 학습을 더 했으면 하는 바람이 있다. 날씨가 가장 더운 때이므로 외부 활동보다 내부에서 알차게 운영되는 프로그램을 알아보는 것이 좋다. 가장 적합한 것은 박물관이다. 우리나라도 각양각색의 박물관이 많으므로 거리와 비용을 확인하여 진행하는 것이 좋다. 우리나라 박물관 안내가 잘 되어 있는 책을 소개하자면『열두 달 놀토 아빠표 체험 여행』(웅진 리빙하우스)이다. 초등교과와 연계한 체험 학습 여행지가 아주 자세히 잘 나와 있어 참고할 만하다.

9월 자연 관찰 포토 데이

9월은 개학이면서 본격적인 2학기 학습이 시작되는 달이다. 하늘과 바람, 산과 들판이 가을을 알리는 시기니만큼 계절의 변화를 느껴보는 이벤트를 추천한다. 무언가 특별한 활동이 아니어도 아이들과 달라지는 자연의 모습을 관찰해보면서 자연의 신비로움을 느낄 수 있는 시간을 제공해 주어도 좋을 것이다. 공부방에서 가까운 작은 산이라도 공부방 아이들과 걸어 보며 나무와 들꽃을 관찰하고 사진을 찍어보는 경험만으로도 아이들의 감성이 풍부해짐을 느낄 수 있다. 아이들이 관찰하고 찍은 사진을 공부방 게시판에 꾸며 놓으면 공부방 환경에도 효과가 좋다.

10월 전통문화 체험 데이

10월은 우리나라의 최대 명절의 하나인 추석이 있는 달이고 개천절, 한글날, 독도의 날 등 기억해야 할 날들이 많이 있다. 이것들과 연관을 지어 볼 수 있는 프로그램을 찾아보면 좋다. 일 년에 한두 번 정도 체험 활동 업체에서 운영하는 프로그램을 활용해 보는 것도 나쁘지 않다. 우리나라 전통문화 체험과 함께 다른 나라 전통문화는 어떠한지 비교해 보는 내용도 함께 들어가면 아이들의 흥미가 더 높아진다.

11월 북아트 데이

11월은 학습의 마무리 단계에 있는 달이다. 따라서 한 가지 주제를 정하여 북아트를 진행하는 것도 좋은 방법이다. 저학년의 경우는 인물 중심으로 고학년은 역사 연표 또는 시대별 유적지를 북아트로 정리해 본다. 북아트는 생각보다 어렵지 않고 재료비도 많이 들지 않는다. 완성해 놓으면 아이들과 학부모의 만족도가 높은 활동 중 하나이다.

12월은 한 학년을 정리하는 달이다. 연말과 방학이 있어 아이들 마음이 들떠 있기도 하다. 선생님들도 별도의 선물을 준비해서 아이들에게 나누어 주기도 하는데 함께 활동한 결과물로 선물까지 될 수 있는 것을 준비하는 것이 좋다. 예를 들어 미니 트리 만들기나 연말 카드 만들기처럼 아이들이 직접 만들어 집으로 가져가도록 하는 것이다.

다음은 월별 이벤트를 학습과 연계하여 진행하는 내용의 예시이다. 사회와 과학을 통합하여 학습할 수 있는 장점과 학생이 직접 만들면서 교과에 대한 흥미를 느낄 수 있도록 구성되어 있어 활용하기 좋은 이벤트이다. 월별 이벤트 구성이 어렵다면 교구 업체를 통하여 도움을 받을 수 있으니 활용하면 좋다. 이 외에도 매월 진행하는 교구 이벤트가 있으므로 원하는 학습 주제를 선택하여 진행하면 된다.

교구 예시

통합 사회과학		사회		과학	
월	연계주제	제품명	이미지	제품명	이미지
1월	새해 12지신	열두 동물 무한 북		열두 동물 자기부상	
2월	설날 세뱃돈	화폐 인물 이야기		위조지폐 감별기	

통합 사회과학		사회		과학	
월	연계주제	제품명	이미지	제품명	이미지
3월	삼일절	3·1운동과 임시정부		데니 태극기 무드등	
4월	이순신	거북선		이산화탄소 대포	
5월	석가탄신일 어버이날 스승의 날	석가탑		카네이션 디퓨져	
6월	호국보훈의 달 현충일 여름	무궁화 북		모기 쫓는 방향제	
7월	제헌절 바다	법 이야기		바다의 신호등 등대	
8월	광복절 장마	독립운동과 광복 이야기		제습기	
9월	추석 가을	가을과 우리 문화 롤링 큐브		달의 위상변화 관찰기	
10월	한글날	세종 이야기		기울어지면 꺼지는 훈민정음 등	

통합 사회과학		사회		과학	
월	연계주제	제품명	이미지	제품명	이미지
11월	김장 별자리	발효 음식 이야기		야광 별자리	
12월	우리 문화유산 국보 1호 겨울	숭례문과 사대문		요술 눈꽃나무 실험	

한 사람의 휴원이 10명의 신규 회원을 막는다

공부방을 오픈하고 가장 마음이 무겁고 속상한 일이 있다. 바로 공부방에 그만 보내고 싶다는 휴원 연락을 받는 일이다. 선생님이 정성과 마음을 쏟은 아이가 그만두는 경우 그 안타까운 마음은 이루 말할 수가 없다. 그러나 선생님의 안타까운 마음보다 더 생각하고 고민해야 하는 것은 왜 잘 다니던 아이가 그만두는지 그 원인 파악이다. 갑자기 이사하거나 건강상의 이유가 아니라면 반드시 만족스럽지 못한 부분이 있어서 휴원하기 때문이다. 그런데 처음 휴원 연락을 받는 선생님의 경우 갑작스러운 휴원 통보에 당황하여 제대로 상담하지 못하고 그대로 휴원을 받아들이는 경우가 많다. 또는 고객의 휴원 사유에 대해 심각하게 생각하지 않고 당연하게 받아들이기도 한다.

휴원 상담은 등록 상담만큼 중요하다. 불만 고객의 휴원은 그 한 사람의 휴원으로 그치는 것이 아니라 10명의 신규 고객을 막을 수도 있기 때문이다. 따라서 휴원의 원인이 무엇인지 파악하고 진심을 담아 상담하여 학부모의 마음을 다시 돌릴 수 있는 상담 실력을 키워야 한다. 학부모의 마음을 돌릴 수 없다면 적어도 불만을 가진 상태에서 휴원하는 것만은 막아야 한다.

제대로 된 휴원 상담을 위해서는 휴원 상담 프로세스가 필요하다. 선생님이 생각할 때 휴원은 갑작스러운 일이겠지만 잘 생각해 보면 휴원의 징후들이 있다. 주로 아이들에게 먼저 나타나기 때문에 평소 아이들의 행동이나 대화에 관심을 가져야 한다. 아이가 그냥 하는 말이려니 하고 흘려들으면 결국 생각지 못한 휴원 소식을 듣게 된다. 따라서 다음과 같은 징후들이 나타난다면 미리 학부모와 상담이 필요하다.

휴원 전 예비 징후

- 학생의 지각과 결석이 잦아진다.
- 학생이 숙제를 잘 안 해오는 경우가 많아진다.
- 공부방에 대한 불만을 겉으로 표현하고 선생님의 말을 듣지 않는다.
- 공부 시간에 집중력이 현저히 떨어지고 하기 싫은 것을 유별나게 행동으로 드러낸다.
- 학부모에게 학생의 성실하지 못한 학습 상태를 상담해도 변화가 거의 없다.
- 공부방 친구들에게 그만둔다는 말을 서슴지 않고 한다.
- 회비 내는 날짜가 잘 지켜지지 않는다.
- 시험 결과에 대한 만족도가 많이 떨어진다.

이와 같은 휴원 예비 징후가 보이면 아이의 상태에 대해 정확히 파악하고 대안을 마련하여 학부모와 상담해야 한다. 대부분 학부모는 상담 시 처음부터 선생님에 대한 불만을 이야기하지 않는 경우가 많다. 선생님께 휴원의 진짜 이유가 아닌 다른 이유를 들어서 좋게 마무리하려는 학부모도 있을 것이다. 이런 경우 선생님이 느끼는 마음의 상처는 덜하겠지만 휴원의 원인을 제대로 파악하지 못했기 때문에 추후 휴원 예방이 어려워진다.

어떤 학부모는 불만이나 섭섭한 마음을 직접 이야기하기도 한다. 이때 우선 학부모가 느끼는 감정에 공감해 주고 받아들여 주는 자세가 필요하다. 선생님이 변명을 하거나 아이 탓으로 돌리면 그 아이가 다시 공부방으로 올 기회를 잃어버리므로 주의해야 한다.

따라서 간접적인 질문을 통해 휴원의 진짜 이유를 파악하고 그 원인에 대한 해결방안을 제시하여 학부모의 마음을 잡아 보는 노력을 기울여야 한다. 그렇게 상담할 때 소중한 한 명의 회원이 유지된다. 어떻게 상담하느냐에 따라 마음이 달라지는 사유들도 있으므로 경우에 따라 어떻게 상담하면 좋은지 알아둘 필요가 있다. 다음은 여러 상황에 따른 휴원 상담 방법이다.

시간이 맞지 않아서 휴원을 요청하는 경우

이 경우는 학부모의 우선순위가 공부방에 있지 않기 때문에 발생하는 휴원이다. 보통 영어 학원이나 학교 방과 후 시간표로 인해 휴원을 요청하는 경우가 많다. 영어 학원을 이유로 요청하는 경우는 초등기 학습에서는 영어도 물론 중요하나 기초학습 능력이 더 중요하다는 것을 강조해야 한다. 특히 국어 능력이 제대로 잡히지 않은 상태에서 영어에 집중하면 영어 공부의 효율성도 떨어진다. 이런 부분을 학부모와 상담하여 학습의 우선순위를 결정하도록 해야 한다. 공부방 시간표 변경이 아니라 때로는 타 학원의 시간표가 변경될 수 있어야 한다. 그러기 위해서는 평소 아이의 학습 중심이 공부방 수업이 되도록 하는 것이 필요하다.

방과 후 시간표가 문제가 되는 경우는 아이의 공부 습관의 중요성으로 상담해야 한다. 방과 후 프로그램은 분기로 이루어지기 때문에 지속성이 떨어지고 선생님도 달라진다. 공부방은 매일 일정한 시간 일정한 분량을 공부하는 시스템임을 강조하여 아이의 흥미를 갖게 하는 것도 중요하지만 공부 습관을 잡아주는 것이 우선임을 어필하여 상담한다.

학부모는 아이가 좋아하는 프로그램이기 때문에 어쩔 수 없다고 말하기도 한다. 이때 수긍할 것이 아니라 주말을 이용하여 할 수 있는 프로그램을 찾아 준다든지 방과 후 프로그램 중 공부방 시간과 겹치지 않으면서 아이에게 더 필요하다고 느끼는 프로그램을 추천해 주는 방법으로 상담한다면 학부모의 마음이 달라지기도 한다. 이런 구체적인 상담이 되려면 학교 방과 후 프로그램이 무엇이 있는지 평소 관심을 두고 알아보아야 가능하다.

아이들과의 관계가 좋지 않아 휴원을 요청하는 경우

아이들이 공부방에 즐겁게 다닐 수 있는 요소 중의 하나는 또래 친구들과 함께 공부하는 것이다. 또래 아이들과의 수업은 서로 선의의 경쟁도 되며 공감대를 형성할 수 있는 대화 주제도 많아 학습의 효과가 높다. 그런데 아이들 사이가 늘 좋지만은 않다. 의견 충돌이 나타나기도 하고 싸움이 일어나기도 한다. 이때 학부모가 너무 직접 개입하면 아이들과의 관계가 더 어려워질 수 있다. 상담 시 학부모의 지나친 개입이 아이들 관계 형성에 도움이 되지 않을 수 있음을 상담해야 한다. 이와 함께 선생님의 적극적인 관심으로 공부방에서 부딪히는 일이 없도록 하겠다는 단호한 의지 표현도 필요하다. 아이들끼리의 지나친 갈등이 보이면 수업 시간대를 달리하여 서로 부딪치는 상황을 방지하는 것도 한 방법이다.

아이가 공부방에 다니기 싫다고 하는 경우

이런 경우는 아이가 직접 이야기하는 경우와 학부모를 통해서 전달받는 경우가 있다. 아이가 직접 이야기하는 경우는 선생님에게 직접 이야기하기보다 수업 시간에 자주 짜증을 부리거나 불만을 이야기하면서 휴원을 통보한다. 이런 아이는 늘 투덜거리면서도 공부방에 다니기 때문에 선생님이 대수롭지 않게 여기다가 휴원하게 되면 아차 싶은 생각에 뒤늦은 후회를 한다. 따라서 평소 아이가 하는 말에 귀를 기울이고 어떤 부분에서 힘들어하고 있는지, 불만은 무엇인지 파악할 필요가 있다. 아이들은 자신에게 진심으로 관심을 가지고 이야기를 나누면 어렵지 않게 마음을 돌릴 수 있다.

　어머니를 통해 휴원을 이야기하는 경우는 아이의 말만 듣고 휴원을 요청하기도 하므로 휴원의 원인을 정확히 파악하는 것이 필요하다. 그래서 그 원인이 선생님에게 있다면 솔직하게 인정하고 감정적인 부분을 풀어야 한다. 그러나 아이의 오해로 인한 결정이 이유라면 구체적인 상황을 설명하고 아이와 다시 이야기할 수 있는 시간을 가져야 한다. 이런 이유로 휴원을 요청하는 것은 평소 아이나 학부모와의 소통이 부족했기 때문에 나타나는 경우가 많다. 그러므로 평소 대면 상담이나 전화나 문자, 가정 통신문을 통해 지속적인 소통이 중요하다.

[실전편]

회원 관리 상담 준비하기

1. 시험 결과 상담 준비하기

상황	상담 내용
시험 결과가 좋은 경우	
시험 결과가 좋지 않은 경우	

2. 휴원 징후 예방 상담 준비하기

상황	상담 내용
시간이 맞지 않아서 휴원을 요청하는 경우	
아이가 공부방에 다니기 싫다고 하는 경우	
아이들과의 관계가 좋지 않아 휴원을 요청하는 경우	

MEMO

우리 동네 1등 공부방

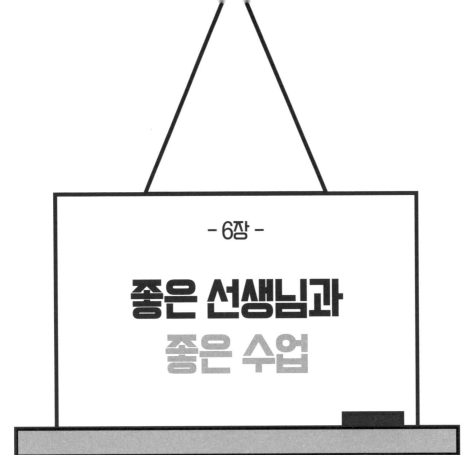

- 6장 -

좋은 선생님과
좋은 수업

아이들과 함께 배우고 성장하는 선생님

> "좋은 수업은 선생님의 수업 기술이 아니라
> 선생님의 좋은 수업에 대한 고민에서 시작한다."

공부방 선생님의 가장 주된 업무는 홍보도 아니요, 상담도 아니요, 바로 수업이다. 수업하기 위해 홍보하고 상담을 하는 것이다. 선생님의 수업 실력이 중요한 이유는 선생님이 얼마만큼 아이의 실력을 높여주느냐에 따라 선생님을 바라보는 시선이 달라지고 공부방에 대한 평가가 달라지기 때문이다. 선생님의 수업 역량이 공부방의 실력으로 평가받고 이로 인해 선생님의 수업 실력이 공부방의 입소문을 만드는 원동력이 된다. 따라서 선생님의 수업 역량을 높이는 것이 매우 중요하다.

학부모는 학교 선생님에게 바라는 기대치와 공부방 선생님에게 바라는 기대치가 다르다. 학교 선생님의 수업에 대해서는 학부모가 이렇다저렇다 평가하기를 주저한다. 그러나 아이의 학습을 맡기는 비용을 지불한 공부방 선생님에게는 당당하게 선생님의 수업 내용과 방식에 대해 문제를 제기하거나 불만을 이야기한다. 어영부영 수업을 준비해서는 학부모의 신뢰를 얻을 수 없다는 것은 당연하다.

하지만 이러한 사실보다 더 중요한 것은 선생님의 수업으로 아이들의 지식과 지혜가 자란다는 것이다. 선생님이 어떻게 가르치느냐에 따라서 공부에 대한 흥미도가 달라지고 교과 과목에 대한 자신감이 달라진다. 그래서 선생님들은 어떻게 하면 아이들이 쉽게 이해할까? 아이들에게 재미있는 수업 시간이 되려면 어떻게 수업을 준비해야 할까를 진지하게 고민해야 한다.

공부방은 작은 교실이다. 물론 공부방은 사교육 방법의 하나이며 공교육의 대상이 아니다. 또한 공교육 선생님처럼 수업을 운영하는 것은 한계가 있다. 그러나 아이들을 대하는 마음에 더 정성이 있어야 하고 수업을 준비하고 연구하는 자세만큼은 더 노력이 필요하다. 선생님과 수업에서 만남이 때로는 아이에게 결정적인 영양분이 된다는 사실에 자부심이 있어야 한다. 이런 자부심이 있을 때 책임감으로 수업을 열심히 준비할 수 있다.

수업을 제대로 준비하려면 어떻게 해야 할까? 선생님들 역시도 어떻게 하면 아이들에게 공부를 쉽고 재미있게 가르칠 것인지 쉼 없이 수업 방법을 고민한다. 그러나 그 이전에 아이들에 대한 이해가 더 중요하다. 공부방에 오는 아이들은 성향과 수준이 천차만별이다. 또한 아이들이 가지고 있는 학습적인 문제점도 다르다. 따라서 아이들의 이해가 없이 무조건 가르치고 문제 풀이를 많이 한다고 해서 아이들의 실력이 올라가지 않는다.

수업을 준비하면서 고려해야 하는 것은 최근의 교육 변화와 흐름이다. 수시로 변하는 교육 정책과 교육과정 그리고 교과서와 평가에 대한 정보를 제대로 알고 있어야 교육 흐름에 뒤처지지 않는 수업을 준비할 수 있다. 또한 수업 방식에 대한 고민도 필요하다. 이제 예전처럼 일방적인 설명과 문제 풀이 중심의 수업 방식으로는 다른 공부방과 경쟁이 될 수 없다. 아이들의 생각을 열어 주고 진정한 실력을 키워 줄 수 있는 수업 방식을 고민할 필요가 있다.

또한 다양한 수업 방법 연구도 필요하다. 수업에서 아이들의 흥미를 높여주고 개념을 쉽고 재미있게 이해시켜 주는 방법, 아이들이 수업 목표에 제대로 도달할 수 있도록 하는 수업연구가 필요하다. 이런 선생님의 노력이 있을 때 아이들의 실력뿐만 아니라 선생님의 실력도 자란다. 앞에서 여러 가지 이야기를 했지만 결국 좋은 선생님이 좋은 수업을 만든다. 아이들에게 무엇을 가르쳐야겠다는 생각보다 아이들과 함께 배우고 성장한다는 마음이 선생님의 수업을 성장시킬 수 있는 지름길이라는 것을 잊지 말아야 한다.

학년별 학습 코칭 전략

　공부방에 오는 아이들 모두 제각각 개성을 지닌 아이들이다. 학습에서의 이해도 역시 차이가 나고 좋아하는 과목, 싫어하는 과목도 다르다. 어떤 아이는 한 번만 설명해줘도 바로 이해하고 다음 문제를 스스로 알아서 푸는 반면, 어떤 아이는 세 번 이상을 설명해줘도 이해하지 못해 선생님을 답답하게 한다. 사소한 일에 잘 삐지는 소심한 아이, 공부방이 자기 집인 양 스스럼이 없는 아이 등 이렇게 천차만별의 아이들에게 그 아이에 알맞은 학습을 제공한다는 것은 정말 어려운 일이다. 하지만 아이들의 상황을 이해하고 지도하는 것과 모르는 상태에서 지도하는 것은 학습 결과나 선생님과 아이의 관계 형성에 많은 영향을 미친다. 따라서 다양성을 지닌 아이들의 이해가 무엇보다 중요하다.

　아이들을 이해해야 하는 측면이야 다양하지만 아이들은 발달 단계에 따라, 남녀 성별의 차이에 따라 또는 성향에 따라 비슷한 부분이 드러나기도 한다. 따라서 아이들에 대한 이해를 학년별 인지적, 정서적 측면에서 살펴보고 어떻게 지도해야 효과적인지 고민해야 한다.

1학년

- **모방을 통해 초보적인 자아 개념이 생기는 시기이다.**
- **호기심이 왕성하여 다양한 분야에 관심이 많아 다소 산만하다.**

인지적 특징

- 이야기를 듣고 상상하기를 좋아한다.
- 마음에 드는 책은 여러 번 반복해서 읽는다.
- 주변 것들에 대해 신기해하고 아는 것도 자꾸 물어본다.
- 크기에 대한 감각이 부족하다.
- 자신이 흥미를 느끼는 주제가 나오면 수업 시간에도 개인적인 이야기를 늘어놓는다.

정서적 특징

- 남보다 먼저 하고 싶어 한다.
- 칭찬과 관심받기를 좋아한다.
- 사실과 상상을 구분하지 못하고 거짓말을 자주 한다.
- 학교생활에 관심이 가장 크다.
- 자기중심적이므로 또래 친구들 간의 다툼이 잦다.

1학년을 위한 학습 코칭 전략

1학년 아이들은 수업 시간에 선생님의 말을 잘 듣는 아이들이다. 선생님에게 관심과 칭찬을 받기 위해 노력을 많이 한다. 따라서 작은 행동 하나에도 관심을 보여 주고 칭찬해 주는 것이 학습적 효과를 높일 수 있다. 또한 학습 내용도 중요하나 공부방에서 학습 태도를 먼저 잡아주는 것이 우선이다. 바른 자세로 앉아 바르게 글씨를 쓰고 자기 의견을 정확하게 말하는 모습에 대해 적극적인 칭찬을 해주면서 학습의 기본기를 다져 주는 것이 필요하다. 1학년부터 학습의 올바른 태도를 잡아주면 학년이 올라갈수록 공부 습관이 잘 잡히는 것을 볼 수 있다.

수업 시 잦은 질문으로 인해 수업의 집중도가 떨어질 수 있으므로 질문의 규칙을 정하여 수업 진행에 걸림돌이 되지 않도록 한다. 그러나 너무 많은 제약은 아이들이 수업에 소극적인 태도로 임하는 요인이 될 수 있으므로 적절한 조절이 필요함을 유의해야 한다.

2학년

- **또래 집단을 형성하기 시작하고 그 사이에서 돋보이고 싶어 한다.**
- **학습 습관이 조금씩 생기고 읽기와 쓰기가 안정되기 시작한다.**

인지적 특징

- 놀이에 관심이 많으며 규칙을 지켜 놀이에 참여한다.

- 미술 표현활동을 즐긴다.
- 집중력이 생기는 시기이나 개인차가 있다.
- 말을 글로 표현하는 능력이 생긴다.

정서적 특징

- 선생님의 인정을 받으려고 노력한다.
- 친한 친구가 생기면서 또래 집단이 생기고 따돌림 현상이 나타나기도 한다.
- 작은 일이 몸싸움으로 번지기도 한다.

2학년을 위한 학습 코칭 전략

2학년 아이들은 선생님이 하는 말의 의도를 이해하고 무엇을 해야 하는지 아는 시기여서 수업하기가 수월해지는 학년이다. 또한 규칙을 지켜야 한다는 것을 스스로 느끼기 때문에 숙제하기나 규칙적인 공부방 학습 시간에 대한 습관을 잡아주기에 좋은 시기이다. 그러므로 적절한 보상을 통해 공부 습관이 잡힐 수 있도록 하고 학부모와 상담을 통해 집에서 할 수 있는 학습이나 독서를 조금씩 늘려 주는 시기임을 이야기하도록 한다.

또한 또래별 모둠학습의 효과가 좋은 학년이므로 적절한 선의의 경쟁이나 스피드 게임을 이용한 학습을 통해 재미를 주면서 학습의 집중력을 높여주는 것도 좋은 방법이다. 그러나 또래별 따돌림 현상이 나타나기도 하므로 공부방에서도 그런 모습이 보이는지 유심히 관찰해야 한다. 때로는 몸싸움으로 번져 공부방 선생님의 관리 소홀이라는 오해를 받기도 하므로 학부모와의 상담에 신경을 써야 한다.

3학년

- **공동체에서 질서 의식이 싹트면서 사회성이 발달한다.**
- **호기심이 많아지며 의욕적이어서 새로운 지식을 즐겁게 받아들인다.**

인지적 특징

- 관찰력이 높아져서 사물을 세밀히 그릴 수 있다.
- 글자 하나하나에 공들이지 않고 흘려 쓰는 아이들이 있다.
- 지리적 공간 개념이 부족하다.
- 글의 내용을 자신이 겪은 일과 연관 지어 이해할 수 있다.

정서적 특징

- 이성에 관한 관심이 서서히 생기기 시작한다.
- 모둠끼리 역할을 나누고 협력하는 태도가 보이기 시작한다.
- 남아와 여아에 따라 관심 방향이 다르게 나타난다.
- 또래 집단의 영향력이 생긴다.

3학년을 위한 학습 코칭 전략

3학년 아이들은 배움에 대한 즐거움을 알아가는 시기이기도 하지만 1, 2학년에 비해 갑자기 늘어나는 학습량으로 인해 학습의 부담을 느끼기도 한다. 특히 사회나 과학을 학습하면서 용어를 어려워하기 때문에 개념이해를 위해 용어 설명을 제대로 해줘야 한다. 또한 독서량이 배경지식이 되고 이것이 학습에 영향을 미치기 시작하므로 집에서 독서 습관을 잡아 줄 수 있도록 아이들과 학부모에게 강조해야 한다.

아이들에 따라서 1, 2학년까지만 해도 잘하던 아이들이 오히려 학습의 흥미를 잃기도 하고 자신감이 떨어지는 경우가 발생한다. 이런 이유가 공부방 교사의 관리 소홀로 연관되어 휴원으로 이어질 수 있으므로 아이의 정서적인 부분까지 밀착관리가 필요하다. 또한 아이의 학습 누수가 생기지 않도록 하는 것이 중요하며 부족한 부분이 확인된다면 학부모와 상담하여 차후 학습 계획을 꼼꼼히 세워야 한다.

4학년

- **신체적, 학습적 개인차가 벌어지고 자아개념이 발달한다.**
- **학습 내용이 더 어려워지고 많아지면서 공부하기 힘들어한다.**

인지적 특징

- 관심과 탐색 영역이 비약적으로 확장되어 간다.

- 역사의식이 생긴다.
- 형식을 갖춘 모둠 토론 학습이 가능하나 근거 제시가 약하다.
- 학습 내용에 대한 호불호가 분명해진다.

정서적 특징

- 자신만 인정받고 싶은 욕구가 강하다.
- 어른들에 대한 반항이 시작된다.
- 남들과 비교하기 시작하면서 경쟁을 유발한다.
- 다른 사람의 상황을 이해하기 시작한다.

4학년을 위한 학습 코칭 전략

4학년 아이들은 지적 수준이 발달하면서 나름대로 논리적으로 자기의 생각을 표현한다. 하지만 자기의 생각에 대한 인정 욕구가 강하고 인정받지 못하는 경우 반항하기도 한다. 따라서 이 시기의 아이들은 무턱대고 엄포를 하거나 강압적인 태도로 학습을 강요하기보다는 아이들의 의견을 수용해 주면서 스스로 학습의 규칙을 세울 수 있도록 해주는 것이 필요하다. 예를 들어 숙제하지 않는 아이에게 무조건 야단을 칠 것이 아니라 무슨 과목을 몇 장 해 올 수 있는지 스스로 정하게 하는 것이다.

또한 토론 수업에서 자신의 의견을 적극적으로 말할 기회를 주는 것이 좋다. 특히 역사의식이 생기는 시기이므로 역사를 주제로 찬반 토론을 진행하여 근거를 제시하며 다른 사람을 설득하는 방법을 자연스럽게 습득하도록 한다. 또한 학습의 호불호가 생기는 시기인 만큼 아이들이 싫어하는 교과를 파악하여 다양한 방법으로 학습의 흥미를 유발할 수 있도록 학습지도 방법을 고민해야 한다. 지루한 수업이 아이들에게 학습 의욕을 떨어뜨리게 되면 회복하기가 쉽지 않은 시기이기 때문이다.

5학년

- **사춘기가 시작되며 신체의 변화로 고민이 많아진다.**
- **논리적, 비판적, 추리적 사고력이 발달하고 자기중심적 사고에서 벗어난다.**

인지적 특징

- 수학 교과에 대한 부담이 높아진다.
- 모르는 것을 질문하기를 꺼린다.
- 사회적 이슈에 관심을 보이고 정의감이 높아진다.

정서적 특징

- 감정의 기복이 심하다.
- 고민은 많으나 어른들에게 표현하지 않는다.
- 이성에 관한 관심이 높아지고 표현도 적극적이다.

5학년을 위한 학습 코칭 전략

사춘기가 본격화되면서 감정의 기복이 심해지는 5학년 아이들은 수업에 집중하게 만들기가 쉽지 않다. 왜냐하면 이성에 관심이 높아지고 외모에 신경을 쓰면서 학습과는 거리가 멀어지는 아이들이 많아지기 때문이다. 공부를 잘하던 아이도 학습 집중력이 저하되고 특히 수학 과목에 자신감이 떨어져 스트레스를 받기도 한다. 따라서 새로운 단원을 시작할 때는 기본 개념이 정확히 잡혀있는지 확인하고 누수가 생긴 부분은 제대로 잡아 줄 필요가 있다. 특히 모르는 부분을 스스로 질문하기를 꺼리는 시기이므로 문제 풀이 시 유심히 관찰하여 파악할 필요가 있다.

또한 5학년 아이들은 학습도 중요하나 정서적인 유대 관계가 중요하다. 선생님이 권위적이기보다는 친구와 같은 모습으로 다가가서 마음의 문을 열 때 학습 관리가 가능하다. 평소 문자를 주고받으며 학교생활이나 숙제를 챙겨 주는 것이 좋다. 또한 또래 집단이 강해지면서 공부방 아이들끼리 왕따 문제가 발생할 수 있으므로 유심히 살펴보아야 한다.

6학년

- **자아 정체성에 대한 혼란을 겪으며 가치관이 만들어지기 시작한다.**
- **공부에 대한 부담감이 높아지면서 학력 차가 커지는 시기이다.**

인지적 특징

- 글쓰기를 매우 싫어한다.
- 기억력이 최고조로 체계적인 암기 교육이 필요하다.
- 자신만의 공부법이 나타나기 시작한다.
- 다양한 방법으로 학습 자료를 만들 수 있다(조사, 관찰, 인터넷 활용).

정서적 특징

- 서열을 매기며 상하 관계를 중시한다.
- 어른 대접을 받고 싶어 한다.
- 또래 친구들을 의식하며 발표에 소극적이다.

6학년을 위한 학습 코칭 전략

6학년 아이들은 최고 학년인 만큼 최고 학년으로 인정해 주는 것이 무엇보다 중요하다. 공부방에서 체험 학습과 같은 특별 행사를 할 때 6학년 아이들에게 적절한 임무를 부탁해도 좋다. 의외로 부담감을 느끼기보다는 최고 학년으로서 책임감을 느끼며 낮은 학년의 동생들을 챙기는 모습을 볼 수 있다.

학습에서는 자신만의 공부법을 찾을 수 있도록 도와주어야 한다. 개념 노트를 활용하거나 틀린 문제를 정리해 보는 오답 노트를 적절하게 활용하는 방법을 틈틈이 지도해 주면 좋다. 이 방법은 중학교에 가서도 자신만의 공부 방법이 중요하므로 적어도 6학년부터 시작해 보는 것이 좋다.

또한 준비한 토론의 규칙을 지키면서 격식을 갖춘 본격적인 토론이 이루어질 수 있도록 유도해 주는 것이 필요하다. 원활한 토론을 위해 계획, 자료수집, 정리, 발표, 반성 등의 활동을 학생 스스로 할 수 있도록 격려해주면 활발한 수업 시간이 될 수 있다. 또한 사회 문제에 대한 주제를 정하여 서로의 다양한 의견을 나누어 보며 자신의 견해를 설득하는 연습을 통하여 논리적이고 비판적인 사고를 할 기회를 주는 것이 좋다. 특히 6학년 학습 내용은 중학교 학습과 연계되기 때문에 수시로 어떤 부분이 어떻게 연계가 되는지 알려 주고 현재의 학습이 중요하다는 인식을 심어 줄 필요가 있다.

학생 유형별 학습 코칭 전략

학생들의 변화를 통해 공부방 운영의 보람을 느끼는 분이라면 늘 관심을 가지고 고민하는 부분은 학생들의 학습 문제다. 아이가 지닌 학습 문제를 파악하기 위해서는 선생님이 자세히 관찰해보고 그 원인이 무엇일까를 생각해봐야 한다. 그리고 공부방에서 조금이라도 도움이 되는 방법을 찾아 아이와 함께 시도해보면서 개선해보려는 노력이 필요하다. 물론 선생님들이 할 수 있는 것은 한계가 있을 수 있다. 하지만 분명한 것은 선생님의 노력으로 달라지는 아이가 있다는 점이다. 공부방에서 종종 볼 수 있는 아이들이 지닌 학습 문제 유형은 다음과 같다.

학습 무기력을 보이는 아이

지도하면서 가장 안타깝고 답답한 아이가 바로 학습에 무기력을 보이는 아이다. 선생님이 의욕적으로 가르치려 해도 아이가 '저 원래 못해요, 해도 소용없어요, 공부하기 싫어요'라는 반응을 계속 보이면서 시간만 보내다가 가는 아이들이 있다. 이런 아이들은 결국 학부모에게 미안해서 아이를 지도하는 것이 힘들겠다고 이야기해야 하나 고민을 하게 된다.

하지만 아이가 공부에 무기력한 모습을 보이는 이유가 공부를 싫어하거나 나태해서가 아닌 경우도 적지 않다. 아이 수준에 맞지 않는 과제가 계속 부여되고 문제를 해결하는 성공 경험이 없기 때문일 수도 있다. 문제 해결에서 실패와 좌절감을 맛보게 되고 이것이 반복, 지속되면 더 이상 도전하지 않고 학습 무기력에 빠지게 되는 것이다.

이런 아이에게는 수준에 맞는 과제를 제시해주고 자신도 할 수 있다는 자신감을 심어주는 것이 가장 중요하다. 그리고 정답이라는 결과가 아니라 문제를 해결해보려는 시도 자체가 칭찬이 돼야 한다. 그러므로 공부방에서 다양한 난이도 문제를 많이 풀리는 것보다는 쉬운 문제를 풀어 보도록 하는 것이 좋다. 그러고 나서 선생님에게 어떻게 풀었는지 설명해 볼 수 있도록 하면 말이 없는 소극적인 아이도 조금씩 표현이 늘어가고 자신감이 생기는 모습을 볼 수 있다.

이해력이 부족한 아이

선생님이 몇 번을 설명해줘도 원점에 있는 아이가 있다. 이해력이 부족한 학생에게 같은 설명을 반복하다 보면 선생님이 먼저 지쳐서 그냥 넘어가는 일이 빈번해진다. 이해력이 부족한 학생은 읽기를 어려워하고 어휘력이 부족해 내용 자체에 대한 이해를 힘들어한다. 그래서 아무리 문제를 읽어봐도 무엇을 묻는 문제인지, 문제의 의도를 파악하지 못하기 때문에 선생님이 설명을 반복해도 소용이 없는 것이다.

이해력이 부족한 아이에게는 일방적인 설명보다는 읽기 능력을 키워주는 것이 필요하다. 특히 저학년의 경우 선생님이 문제를 읽어 주면서 풀어주는 경우가 있는데 조금 늦더라도 스스로 문제를 읽고 이해해 풀도록 해야 한다. 읽기 능력 향상을 위해 가장 많이 활용하는 방법은 소리 내어 읽기다. 눈으로 읽는 경우 읽기 집중력이 떨어지고 글자 자체만 읽는 경우가 많으므로 문맥 단위를 끊어 소리 내어 읽도록 연습해야 한다.

한 가지 덧붙여 말하면 이해력이 부족한 아이에게는 선생님의 같은 방식의 설명은 효과가 없다. 개념을 설명할 때 말로 설명하는 방법이 안 되면 그림을 그려서 설명하거나 다른 상황에 빗대어 설명하는 등 다른 방법으로 접근해서 설명해야 할 필요가 있다. 같은 방식의 무한 반복 설명은 아이도 선생님도 지치게 한다.

집중력이 떨어지고 산만한 아이

공부방에서 아이를 지도하기 어려운 유형 중 하나가 바로 집중력이 떨어지고 산만한 아이다. 요즘은 주의력 결핍, 과잉 행동 장애로 보이는 아이도 종종 있어서 이런 아이와 학습하면 많은 고민이 되는 것이 사실이다. 산만함이 심한 아이는 주변 아이에게도 방해되기 때문에 선생님의 지도 요령이 필요하다.

우선 산만한 아이는 의자에 앉아있는 자세나 글씨가 바르지 않은 경우가 대부분이다. 그래서 공부방에 온 아이는 의자에 바르게 앉아서 공부하는 것부터 지도해야 한다. 허리를 곧게 펴고 엉덩이를 의자 뒤에 붙이도록 하며 특히 발바닥을 바닥에서 떨어지지 않도록 하는 것이 좋다. 또한 문제 풀이 시간을 무작정 주는 것이 아니라 5분 이내의 짧은 시간을 줘 조금이라도 집중할 수 있도록 해야 한다. 그리고 선생님의 눈 안에 관찰이 잘될 수 있도록 선생님 옆에서 공부하도록 자리를 배치하는 것도 필요하다.

다른 아이들과 갈등을 일으키는 아이

다른 아이들과 갈등을 일으키는 아이는 대개 짜증을 자주 내거나 자기중심적인 성향이 강한 아이들이다. 이런 아이들을 제대로 관리하지 못하는 경우 주변 아이들의 불만으로 이어진다. 또한 다른 아이들과 갈등으로 정서적인 불안감을 조성하고 자신과 다른 아이들의 학습 집중력을 떨어뜨린다. 공부방에 보내는 학부모 역시 선생님이 아무리 잘 가르친다 해도 다른 공부방으로 옮겨야 하는 것은 아닌가 고민을 하게 된다. 그래서 아이들끼리 갈등이 일어나지 않도록 선생님의 적절한 역할이 필요하다.

무작정 야단을 치기보다는 갈등의 원인을 빨리 해결해 주는 것이 필요하다. 아이들이 갈등을 일으키는 원인은 사소한 부분이 많아서 의외로 쉽게 해결되는 경우가 많다. 또한 선생님의 불공평한 태도로 인해 갈등이 발생하기도 하므로 유의해야 한다.

창의적인 교수법이 수업의 질을 높인다

요즘 아이들은 부모들이 학교에서 선생님께 배우던 것과는 너무나 다른 형태로 수업을 받는다. 옛날 학교에 다닐 때처럼 선생님이 칠판에 빼곡하게 판서를 하는 경우가 드물다. 대신 시청각 자료를 통해 다양하고 재미있는 학습이 가능하다. 수업 시간에 아이들의 학습 흥미를 유발하기 위한 도구를 제공하는 것이다. 그러나 이렇게 좋은 환경에서도 학교 수업에 소외된 아이가 있고 수업 내용을 제대로 이해하지 못하는 아이도 있다. 그리고 학습 흥미나 집중도가 떨어져 수업 참여 자체가 안 되는 아이들도 있다.

이뿐만 아니라 아이들의 학습을 방해하는 자극 요소도 너무 많다. TV는 기본이요, 게임, 인터넷, 휴대폰 등 아이들의 호기심을 자극하는 것들이 많다 보니 학습에 흥미를 붙이기가 쉽지 않다. 그래서 아이들에게 재미를 줄 수 있는 수업이 더 어려워진 점도 있다. 결국, 수업의 궁극적인 목적인 '학습 목표 도달'이 되지 않는 아이들이 많아서 이런 아이들을 위한 대안이 필요하다. 그 대안의 하나가 바로 창의적 교수법이다.

누군가 창의적 교수법이 무엇인가 묻는다면, 정확하게 대답할 수 있는 선생님은 드물다. 창의적 교수법에서 '창의적'이라는 기준이 정확하지 않아서 명확한 답을 내리기가 쉽지 않기 때문이다. 또한 '창의적'의 기준이 각자의 배경지식 수준에 따라 다르므로 개인차가 있을 수 있다.

선생님들이 창의적인 교수법을 어떻게 해야 하는가도 궁금하겠지만, 더 의아한 것은 왜 아이들에게 창의적인 교수법으로 가르쳐야 하는가이다. 더군다나 공교육을 담당하는 학교에서도 어려운 창의적 교수법을 공부방에서 해야 한다고 말하니 말이다. 창의적인 교수법이 아이에게 좋다는 사실은 알지만, 이것이 공부방에서 가능할까 싶은 의문이 드는 분도 있을 것이다.

먼저 이런 궁금증을 해결하기 위해 창의적 교수법은 무엇인지 알아볼 필요가 있다. 창의적 교수법의 창시자인 밥 파이크는 "창의적 교수법이란 어떤 묘책이나 기법들을 종합해서 모아 놓은 것이 아니고, 오히려 학습 능력, 기억 능력, 실용 능력을 증진하는 방법을 통해 사람들이 효과적으로 학습할 수 있도록 돕는 시스템이다"라고 말하고 있다. 쉽게 말해 학습에서 중요하게 여기는 '학습 목표 달성'이라는 목적을 둔 교육 시스템 중의 하나라고 보면 된다. 이 시스템은 유동적이어서 기본적인 원칙을 구사하면서도 새로운 아이디어들을 지속해서 접목하여 수업을 구상할 수도 있다. 그리고 일반 교수법과 달리 선생님의 개입보다는 아이들의 참여를 유도하는 데 중점을 둔다는 것이 특징이다. 따라서 창의적 교수법은 어떤 새롭고 기발하며 놀라운 학습법이 아니다. 단지 아이들에게 어떻게 하면 학습 능력을 높여 줄 수 있는가? 그리고 어떻게 하면 학습한 것을 효과적으로 기억하도록 하는가에 더 중점을 두는 학습법이라고 말할 수 있다. 선생님들이 공부방에서 자신만의 창의적 교수법 레시피를 만들어 보고 싶은 마음이 있다면 다음 세 가지를 중심으로 생각한다면 도움이 될 것이다.

아이들이 직접 참여하는 교수법

"들은 것은 잊어버린다. 본 것은 기억한다. 그러나 직접 해본 것은 이해한다"라는 말이 있다. 이 말처럼 아이들에게 듣기만을 강요해서는 학습의 효과를 높일 수 없다. 아이들이 배운 것을 기억할 수 있도록 무언가 보여줄 수 있는 학습지도 장치가 필요하다. 수업의 목표는 단순 이해가 아니라 정확한 이해이다. 그래서 아이들이 직접 해보는 경험 또는 아이들이 수업에 소외되지 않고 적극적으로 참여하는 기회를 제공하는 것이 가장 중요한 교수법이다.

재미를 줄 수 있는 교수법

학습은 정서와 밀접하게 관련이 있다. 뇌에서 학습이 이루어지는 매커니즘을 보면, 기분이 좋을 때 집중력이 생기는데 이는 정서적 안정에 도움을 주는 세로토닌과 도파민이 분비되어 학습의 효과를 높이기 때문이다. 한마디로 아이들은 '재미'가 있을 때 집중력이 생긴다. 바꾸어 이야기하면 재미가 없거나 지루하면 학습의 효과를 기대하기 어렵다.

학습 내용을 이해하고 기억하기 쉽도록 구성하는 교수법

수업의 최종 목표는 학습 목표 달성에 있다. 1시간 수업 후 학습 주제에 관해 반드시 머릿속에 남는 것이 있어야 학습 목표에 도달했다고 할 수 있다. 머릿속에 남기기 위해서는 배운 내용을 단기기억에서 장기기억으로 넘어갈 수 있도록 도와주어야 한다. 단기기억에서 장기기억으로 넘어갈 수 있도록 도와주는 방법은 바로 반복 학습이다. 이 반복 학습을 어떻게 유의미하게 이해하기 쉽고 기억하기 쉬운 방법으로 제시해주느냐가 중요한 창의적 교수법의 포인트이다.

선생님들의 수업에 대한 작은 고민과 실천이 아이들에게는 큰 변화를 줄 수 있음을 기억해야 한다. 거창하지는 않지만 기존 수업과 다른 창의적 교수법 레시피 만들기에 도전해 보는 노력이 선생님에게도 수업의 즐거움과 보람을 선사할 것이다. 더 나아가 창의적인 교수법이 공부방의 수업 시스템으로 제대로 자리가 잡힌다면 누구라도 오고 싶은 우리 동네 1등 공부방이 될 것이다.

언제든 활용하는 창의적 수업

'요리는 창조다' 라는 말이 있다. 요리사가 재료를 어떻게 활용하느냐에 따라 요리가 달라지고 새로운 레시피가 생긴다. 수업도 선생님이 어떻게 학습 자료를 활용하느냐에 따라 아이들의 학습 흥미가 달라진다. 여기에 제시한 수업 예시는 현장에서 수업의 달인으로 인정받는 선생님들의 노하우를 담은 것이다. 창의적인 교수법에 대한 고민이 있는 선생님이라면 바로 활용할 수 있는 방법이므로 수업에 적용해 볼 것을 권한다.

색종이 활용 레시피

색종이와 포스트잇은 수업 시간에 가장 손쉽게 이용할 수 있는 간단한 도구이다. 가격도 비싸지 않고 한 번 구매해놓으면 오래 사용할 수 있는 장점이 있다. 색종이는 아이들이 좋아할 뿐만 아니라 언제 사용해도 지루해하지 않는 장점이 있다. 색종이는 접는 것뿐만 아니라 오리고 풀을 붙이는 등 다양한 활동을 할 수 있어 간단하면서도 활용도가 높은 수업 도구이다. 특히 수학에서 도형 개념이나 분수 개념을 지도할 때 사용하면 아이들이 쉽게 이해하고 수업의 집중도가 높아진다.

다음은 공부방에서 색종이를 수업에 활용하는 실제 사례이다.

ⓐ 색종이로 도형 배우기

이 내용은 4학년 수학에 나오는 '평면도형의 이동' 단원이다.

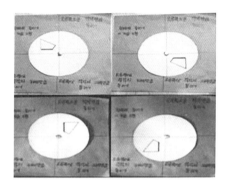

아이들은 도형의 뒤집기나 돌리기를 많이 어려워한다. 그런데 선생님이 색종이를 이용하여 도형의 움직임을 볼 수 있는 수업을 준비했다. 도형의 움직임을 보여주며 선생님이 설명해주거나 아이들이 직접 색종이를 돌리면서 개념을 이해하기 때문에 수업의 집중도가 높아진다. 또한, 추상적인 도형의 움직임을 구체화하여 보여주어 쉽게 이해하고 재미있어한다.

다음은 색종이를 이용하여 대칭 개념을 지도하는 방법이다.

ⓑ 색종이로 대칭 개념 배우기   ⓒ 색종이로 칠교놀이 하기

아이들이 머릿속으로 그려 볼 때는 생각이 나지 않아 어려워하다가도 손으로 그려 보고 오려보면서 공부하면 대칭의 개념을 쉽게 이해한다. 그리고 상상력이 풍부해져서 여러 가지 다른 모양도 스스로 도전해 보기도 한다. 칠교놀이는 나무 칠교를 많이 활용하기도 하지만 색종이로 직접 만들어 활용해 보면 도형을 친숙하게 느끼게 하는 장점이 있다.

ⓓ 색종이로 분수 배우기

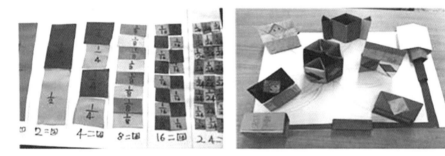

초등 수학에서 분수 개념은 매우 중요하다. 단위분수 정도는 이해하다가 가분수나 진분수의 사칙연산이 나오기 시작하면 아이들은 무척 힘들어한다.

분수는 고학년으로 올라가면서 비와 비례, 백분율 등과 연계가 된다. 분수의 개념을 정확히 이해하지 않으면 고학년에 가서 수학을 포기한다. 따라서 선생님들은 전체에 대한 부분이 분수라는 것을 다양한 방법으로 이해할 수 있도록 아이들을 도와주어야 한다. 위 사례는 색종이를 활용하여 분수의 기본 개념을 익히는 방법이다.

　포스트잇은 일반적인 네모 모양의 포스트잇뿐만 아니라 예쁘고 다양한 모양이 많아서 아이들이 좋아한다. 그리고 언제든지 떼었다 붙였다 할 수 있어 편리하다. 중고등학생은 포스트잇을 이용하여 노트 정리에 활용하기도 하고 중요한 내용을 정리하는 도구로도 사용한다. 하지만 학습 내용을 정리하는 습관이 잡히지 않은 초등기 아이들은 포스트잇을 효과적으로 사용하는 경우가 드물다.

　공부방에서 포스트잇을 가장 효과적으로 사용할 때는 문제집에서 활용하는 경우이다. 예를 들어 아이들에게 응용문제를 제공해야 할 때, 대부분 선생님은 새로운 문제집을 사거나 프린트를 준비해서 문제를 풀도록 한다. 하지만 포스트잇을 사용하면 평소 풀었던 문제집을 재활용할 수 있다. 객관식 문제인 경우는 객관식 내용만 포스트잇으로 가리고 주관식으로 답을 쓰도록 한다. 이렇게 하면 문제 응용력이 생기고 핵심어를 반복하게 되어 복습 효과도 있다. 또 반대로 객관식 문제 내용만 포스트잇으로 가리고 문제를 쓰도록 해도 된다. 문제 쓰기 연습을 하다 보면 문제를 예상하여 출제하는 능력이 생기면서 공부를 능동적으로 하게 된다.

　포스트잇을 이용하는 또 다른 방법은 꼭 기억해야 할 핵심 용어를 포스트잇에 적어보는 것이다. 아이들은 문제집이나 노트에 무언가를 쓰라고 하면 귀찮아한다. 그런데 예쁜 포스트잇을 나누어 주면서 써 보라고 하면 글씨도 정성스럽게 또박또박 쓰며 핵심 용어 쓰기에 집중한다. 여기서 주의할 점은 선생님의 욕심으로 너무 많이 쓰도록 하지는 말아야 한다는 사실이다. 아이들에게 너무 많이 쓰도록 하면 글씨 쓰기 자체를 싫어하게 되어 학습에 도움이 되지 않는 경우가 생긴다.

또 다른 용도는 포스트잇을 이용해 선생님의 칭찬 글이나 부탁하는 글을 남기는 것이다. 아이들에게 열 마디의 잔소리보다 포스트잇에 적어 준 몇 줄의 글이 더 효과적일 수 있다. 포스트잇을 교재에 잘 활용하면 이것을 본 학부모도 좋아한다. 선생님이 아이의 학습에 많은 관심이 있다는 사실이 은연중에 드러나기 때문이다.

ⓐ 포스트잇 활용법

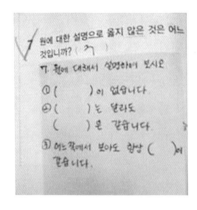

A4 용지 활용 레시피

A4 용지는 공부방에 늘 구비되어 있는 것으로, 주로 프린트 용지로 사용한다. 이 평범한 종이도 잘 사용하면 좋은 학습 도구가 될 수

있다. A4 용지를 활용한 학습 레시피로 가장 간단하고 편리하며 학습의 효과가 높은 것은 윈도우 패닝과 마인드맵 그리기이다.

윈도우 패닝은 일명 '창틀 채우기'라고 불린다. 9칸의 빙고판에 배운 내용을 몇 개의 덩어리로 분류하여 그림이나 간단한 기호, 낱말로 표현한다. 저학년의 경우 글씨를 쓰기보다는 그림 중심으로 핵심 단어를 쓰도록 한다. 그리고 나서 그것을 본 다음 말로 설명하게 하거나 글로 써 보도록 한다.

고학년의 경우 윈도우 패닝에 간단한 글과 그림으로 내용을 표현하게 한 다음, 그것을 바탕으로 학습한 내용을 서술하게 한다. 서술 활동이 끝난 다음에는 제시한 요점 정리와 비교 대조하여 부족한 부분을 보충하게 함으로써 복습 효과를 얻을 수 있고 서술 능력도 향상되게 한다. 사회 교과나 과학 교과에서 사용하면 보다 효과적이다.

윈도우 패닝은 다양한 사고 활동을 시각화하고 조직화하는 학습 활동이다. 아이들이 쉽고 재미있게 수업에 참여하도록 유도해 주는 장점이 있으며 복습에 효과적이다. 그리고 무엇보다 좋은 점은 그림과 기호를 보고 학습한 내용을 자신의 언어로 정리한다는 점이다. 자기 언어로 정리하면서 집중력과 기억력 향상에도 도움이 되고 아이들이 어려워하는 서술형 글쓰기에 자신감을 심어준다.

ⓐ 윈도우 패닝(학습정리 단계에서 사용)

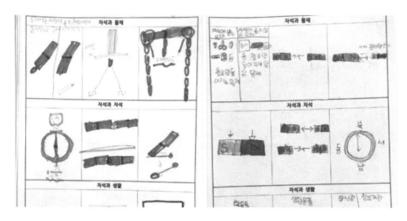

다음은 창의력과 사고력, 기억력을 높여주는 마인드맵 그리기이다.

ⓑ 마인드맵의 활용

마인드맵은 영국의 토니 부잔이 창의력을 키우는 방법으로 두뇌의 특성을 고려하여 만든 것이다. 마인드맵은 말 그대로 자기의 생각을 지도 그리듯이 이미지화해서 정리하는 것을 말한다. 마인드맵 그리기의 기본 방법은 한 가지 주제에 대해 꼬리에 꼬리를 물고 연결된 생각의 고리를 이어 나가며 마치 지도를 그리듯 표시해 나가는 것이다. 그중에 주제와 관련된 것들은 선택하고, 그렇지 않은 것들은 제외하면서 중간에 그림이나 사진을 활용하기도 한다.

마인드맵은 핵심어 중심으로 정리하는 활동이기 때문에 개념 정리에 도움이 되며 기억력을 향상해 주고 사고를 확장해 주는 장점이 있다. 개념을 정리하는 좌뇌의 특성과 이미지화하는 우뇌의 특성을 이용하기 때문에 창의력을 키우는 방법으로 다양한 영역에서 활용하고 있다. 또한, 수업에 적용할 때 어떤 특정 교과에 쓰는 것이 아니라 모든 교과에서 사용할 수 있는 장점이 있다. 마인드맵을 잘 활용하기 위해서는 몇 가지 원칙을 정하고 수업에 활용하는 것이 좋다.

다음은 토니 부잔이 이야기하는 마인드맵 작성 원칙 중 아이들과 활용 시 기억해야 할 몇 가지 사항이다.

첫째, 가로로 된 종이의 중심에서 시작한다.

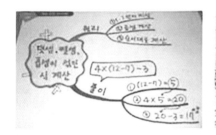 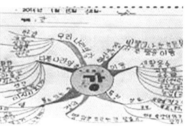

사람들은 의식적으로 이미지를 세로로 인식하기보다 가로로 인식한다고 한다. 종이 백지로 사용하는 것은 줄이 있으면 그 줄에 맞춰 쓰려고 하는 경향이 있어 자유롭게 이미지화하는 데 방해가 되기 때문이다.

둘째, 중심 생각을 나타내기 위해 이미지나 사진을 활용한다.

인간의 뇌는 시각적으로 인식될 때 연상 작용이 일어나 기억을 더 잘한다. 그래서 색깔도 3가지 이상 사용하기를 권장한다.

셋째, 중심 이미지→주 가지→부 가지→세부 가지로 연결하는 흐름을 잘 지켜서 그린다.

초등 저학년 아이들은 세부 가지까지 가기가 어려울 수 있으나 고학년 아이들은 세부 가지까지 정리해 볼 수 있도록 유도하는 것이 좋다. 이때 중심 키워드를 중심으로 하위 개념이 무엇인지 생각하고 그 하위 개념 아래 연관성 있는 소주제를 이어가도록 하는 규칙을 지키도록 해야 제대로 된 마인드맵 학습이 이루어진다.

넷째, 각 가지에 하나의 키워드만 사용한다.

중심 이미지나 개념에서 주변으로 사고를 확장해 나가는 사고법을 방사 사고라고 하는데, 마인드맵은 이 원리를 이용하는 것이다. 한 단어를 사용하라는 의미는 방사 사고를 돕기 위한 것으로, 한 단어를 통해 다양한 생각을 확산할 수 있다. 아이들을 지도하다 보면 핵심 개념을 파악하지 못해 정리하는 것을 힘들어하는 아이를 만나기도 한다. 이런 경우 중심 이미지와 주 가지는 제시해주고 세부 가지부터 시작하는 것이 정리하는 능력을 키우는 방법이다.

스케치북 레시피

스케치북은 한 단원이 끝났을 때, 스피드 퀴즈 내기로 활용하면 좋다. 선생님이 미리 준비해서 수업에 활용해도 좋고 아이들에게 스케치북을 제공하고 앞장에는 문제를, 뒷장에는 답을 쓰도록 해서 짝꿍과 해보도록 해도 된다.

스피드 퀴즈를 하면 선생님은 아이들의 단원에 대한 이해도가 어느 정도인지 파악할 수 있고 아이들 역시 단원 전체의 핵심 내용을 정리해 볼 기회가 된다. 이때 팀으로 나누어 경쟁하거나 몇 문제 이상 맞히면 보상을 해줘 좀 더 즐겁게 수업을 할 수 있다. 또 다른 방법은 스케치북을 가로로 반을 접은 다음 핵심 용어를 미리 써 놓고 그것을 설명하게 하거나 그 핵심 용어에 관한 문제를 써 보도록 해도 된다. 문제를 쓸 수 있다는 것은 그 내용에 대해 완벽히 이해했다는 뜻이므로 핵심 용어를 정확히 이해하는 데 많은 도움이 된다.

이것을 조금 어려워한다면 선생님이 스케치북 한 장에 개념을 설명하는 문장을 적어 놓고 꼭 기억해야 할 내용을 빈칸으로 남겨두고 빈칸 채우기를 해도 좋다. 이때 앞 첫 글자를 힌트로 써 주면 아이들이 부담 없이 참여한다.

개념송(song)을 활용한 레시피

노래로 개념이나 중요한 핵심 어휘를 기억하도록 하는 방법은 이미 많이 사용하고 있는 방법이다. 외우기 어려운 역사를 노래로 공부할 수 있도록 랩으로 만든 역사송이 나오기도 했다. 노래는 아이들이 좋아하고 몇 번만 따라 불러도 자연스럽게 핵심 용어를 기억할 수 있는 것이 장점이다. 그래서 개념송을 잘 활용하는 선생님은 중요한 개념은 대부분 개념송으로 만들어 놓고 수업의 시작과 마무리로 활용하기도 한다. 또한, 한 번 만들어 놓으면 계속 사용할 수 있어 효율적이다. 다음은 개념송을 만들 때 몇 가지 주의할 점이다.

첫째, 단순하게 나열하는 식의 개사는 지양하는 것이 좋다. 노래라 할지라도 연상을 통해 노랫말을 잘 기억할 수 있도록 해야 한다. 다음은 〈한국을 빛낸 100명의 위인들〉 멜로디로 근현대사송을 만든 예이다.

"아름다운 이 땅에 금수강산에
1948년 정부 수립돼 이승만 부정선거 4 · 19혁명
1960년 경공업 박정희 중공업 제철 70년
1980 5 · 18민주화 정밀기계 자동차 산업 발달
1987 6월 민주화 88 서울 올림픽 97 정권 교체
역사는 흐른다"

이와 같이 만들면 멜로디에 맞추어 노래는 따라 부르겠지만, 노랫말을 보지 않으면 전혀 기억이 나지 않는다. 이런 식의 노랫말은 기억의 효율성을 위한 개념송의 목적을 달성하기 어렵다. 아이들에게 활용한다 해도, 수업 그 당시만 사용 가능한 개념송이 되고 만다. 개념

송은 아이들이 일상생활 속에서도 흥얼거릴 수 있는 것으로 만들어야 언제든지 활용할 수 있다.

다음은 태양계의 행성 특징을 〈산토끼〉 노래 멜로디로 만든 것이다. 위의 개념송과 비교해 보면 어떤 차이점이 있는지 알 수 있다.

"태양계의 행성의 특징은
수금지화목토천해 순서는 이래요.
수성은 제일 작고 공기는 없어요.
금성은 지구 옆 이름은 비너스 지구는 우리별 위성은 달 하나
화성은 화났어. 그래서 빨개요.
목성은 제일 커요. 위성도 많아요.
토성은 두 번째, 고리는 여러 개
천왕성은 세 번째, 해왕성은 멀어요.
태양이 있어야 모두가 살아요"

이처럼 가사를 통해 배운 내용을 연상할 수 있어야 아이들이 스스로 부르는 개념송이 된다.

둘째, 개념송에 사용되는 멜로디는 쉽고 간단하며 누구나 알 수 있는 것이 좋다. 노랫말을 아무리 잘 만들었어도 멜로디가 어려우면 아이들이 따라 하기 힘들고 활용도가 떨어진다.

다음은 1970년대에 불리던 〈복남이네 어린아이 감기 걸렸네〉라는 노래의 멜로디에 수학 개념송을 만든 예이다.

"꼭지점에 변이 두 개 각이랍니다.
각이면 각이니까 각 ㄱ, ㄴ, ㄷ
점 두 개 곧게 선분이지요.
계속 나가면 직선 빰빰밤
반듯반듯 직각 하나 직각 삼각형
반듯반듯 직각 네 개 직사각형
욕심쟁이 정사각형 네 변도 같아
참 쉬운 평면도형 빰빰밤"

수학 노랫말을 아주 쉽고 재미있게 운율을 살려 잘 만들었다. 그러나 〈복남이네 어린아이 감기 걸렸네〉라는 멜로디를 모르면 생각이 잘 나지 않는 아쉬운 점이 있다. 따라서 가사를 어떤 멜로디에 붙일지도 고려해야 한다.

셋째, 너무 많은 내용을 담아 길게 만들지 않도록 한다. 개념송을 만드는 이유는 재미있게 기억할 수 있도록 하기 위해서다. 그런데 너무 길면 아이들이 이것도 외워야 해서 또 다른 공부로 여겨 흥미가 떨어질 우려가 있다. 따라서 핵심 키워드 중심으로 스토리가 잘 연상되도록 짧고 쉽게 만드는 게 좋다.

넷째, 아이들이 직접 만들어 보는 개념송 시간을 주도록 한다. 선생님이 개념송을 직접 만들어 주는 것도 좋지만, 때로는 아이들이 모두 참여하여 만들어 보는 것이 더 효과적이다. 아이들의 창의적인 표현력을 볼 수 있을 뿐 아니라 또 다른 재미와 학습 효과가 있기 때문이다.

온라인 학습 플랫폼 활용하기

학교 교과서가 서책형 교과서에서 디지털 교과서로 바뀌기 시작하고 코로나 이후 온라인 학습이 정착되어 가기 시작하면서 온라인 학습 플랫폼의 활용도가 높아졌다. 학생들의 흥미를 유발하고 학습의 효과를 높일 수 있는 앱과 사이트도 다양해졌다. 다음은 공부방에서 보충이 필요하거나 학습 전후 남은 시간에 학생들에게 제공하면 효과적이며 무료로 활용할 수 있는 온라인 학습 플랫폼이다.

초등 받아쓰기 앱

초등 저학년은 받아쓰기를 통해 글씨 쓰는 법을 익히고 맞춤법이나 띄어쓰기도 익힌다. 특히 저학년 한글 교육이 강화되면서 받아쓰기는 더 중요해졌다. 구글 플레이스토어에 가면 초등 받아쓰기와 관련된 앱들이 많이 있다. 학부모가 단어나 문장을 일일이 불러주지 않아도 전문 성우가 불러주는 대로 스마트폰이나 공책에 받아쓰기를 할 수 있도록 구성되어 있다. 스마트폰보다 공책에 적는 것이 인지적인 면으로 더 도움이 된다고 하니 참고하는 것이 좋겠다. 받아쓰기 내용은 학년별, 교과서 단원별로 구분되어 있어 다양하게 활용할 수 있다.

똑똑 수학탐험대(https://toctocmath.kr)

아이들이 수학을 좋아하지 않는 이유는 어렵기도 하거니와 재미가 없기 때문이다. 초등기 수학에서 가장 중요한 것은 수학에 흥미를 갖게 하는 것이다. 똑똑 수학탐험대는 교육부와 한국과학창의재단에서 만든 인공지능형 학습 사이트로서, 초등학교 1, 2학년 학생을 대상으로 교과서를 기반으로 설계되었다. 게임을 하면서 수학 문제를 풀면 그 결과에 따라 학생 개인에 맞는 처방이 내려진다. 답변을 분석·예측하여 수준에 맞는 콘텐츠를 각기 다르게 추천하는 것이다. 또한 탐험 활동을 통해 수학에 대한 흥미를 유발하고 개념 이해도를 판단할 수 있다. 게임뿐 아니라 개념과 원리를 쉽게 이해할 수 있는 그림을 활용해 단계적으로 문제를 제시하기 때문에 수월하게 진행할 수 있다. 똑똑 수학탐험대는 업데이트와 보안을 위해 크롬이나 네이버 웨일 또는 마이크로소프트 엣지에서 회원가입을 해야 한다. 보호자의 전화번호 인증을 통해 가입할 수 있고, 가입 후 스마트폰 어플로도 이용이 가능하다.

EBS Math(http://www.ebsmath.co.kr)

EBS Math는 EBS에서 개발한 수학 자기주도학습 플랫폼으로 현재 초등 3학년부터 고등학교 3학년 과정까지 교과서 없이 배우는 무료 사이트이다. 영상 카드, 문제 카드, 웹툰 카드, 게임 카드로 구성된 4가지 유형의 콘텐츠를 제공한다. 수학의 기본기를 탄탄하게 쌓을 수 있는 개념 정리부터 심화 문제까지 차근차근 배울 수 있도록 구성되었다. 특히 테마별 수학 시리즈에서는 수학적 원리를 영상과 게임, 웹툰을 통해 원리를 습득하도록 되어 있어 수학에 흥미를 잃은 학생에게 추천할 만하다.

일일수학(https://www.11math.com)

연산은 수학의 기본이라고 할 수 있다. 그런데 수학 개념이 어느 정도 잡힌 학생들도 연산력이 부족하여 제한된 시간에 문제를 풀지 못하는 경우가 있다. 이런 학생들에게 연산 문제를 출력하여 공부할 수 있는 사이트가 일일수학이다.

초등 1학년부터 6학년까지 학년별 진도에 맞춘 연산 문제를 무료로 제공해 주기 때문에 프린터만 있다면 연산력을 다질 수 있는 문제들을 충분히 제공받을 수 있다. 인터넷 검색창에서 '일일수학'을 검색하면 메인 사이트로 들어갈 수 있다. 학년, 학기, 단원, 차시까지 선택할 수 있어 진도에 맞는 연산 문제를 출력하여 풀 수 있다. 같은 진도라도 학습 유형에 따라 다른 문제를 선택할 수도 있다. 보통 A형은 자릿수에 맞춘 계산을 할 수 있도록 칸이 그려져 나오고 B, C형의 경우 암산으로 풀 수 있도록 칸 없이 문제가 제공된다.

오른쪽 상단에서 '다른 문제지'를 클릭하면 계속해서 다른 문제를 제공받을 수 있으며, 파란색 '출력하기' 버튼을 누르면 문제지와 답안지를 출력할 수 있다. 답안지를 출력하지 않아도 시험지에 정답지로 이동하는 큐알 코드가 있어 편리하다.

사회·과학 요점 앱

사회와 과학 과목은 환경, 역사, 경제, 정치 등의 사회 전반 기초 지식과 생물, 물리, 화학, 지구과학 등의 과학 전반에 걸친 기초 지식을 다룬다. 사회, 과학은 이해를 바탕으로 암기해야 하는 과목이어서 아이들이 힘들어하는 과목이다. '사회·과학 요점 앱'은 무료로 스마트폰에 다운로드받아 이동 시간이나 여유 시간에 암기에 활용할 수 있다. 초등 3학년부터 6학년의 교과서 단원별로 정리되어 있어 예습, 복습, 시험 대비용으로 다양하게 활용할 수 있다. 또한 핵심 키워드 기능이 있어 핵심 단어들을 가린 후 알아맞히는 연습도 할 수 있어, 암기나 반복 학습에도 효과적이다.

사이언스 레벨업(http://sciencelevelup.kofac.re.kr)

'사이언스 레벨업'은 한국과학창의재단에서 운영하는 사이트이다. '과학상식 레벨업', 'AR·VR', '과학 클립'과 'O.D.I.Y'로 구성되어 있다. '과학상식 레벨업'에서는 약 40편 이상의 과학 영상을 제공한다. 영상이 지루해지지 않도록 애니메이션 캐릭터와 과학 지식을 결합하여 제작한 것이 특징이다. '과학상식 레벨업'의 과학 액티비티에서는 자연과학에 대해 간접적으로 탐구할 기회가 주어지며, 해당 자료는 학교 수업에서뿐 아니라 학생들의 방과 후 학습 활동 자료로도 이용할 수 있다.

'AR · VR'에서는 동물, 빛, 과학 문화유산, 자연 등 다양한 대상을 증강현실로 구현해 학생들이 실감나게 관찰할 수 있게 한 콘텐츠이다. 관찰이 끝난 후 배운 내용을 퀴즈로 다시 풀어 보는 단계도 있다. '과학 클립'에서는 주변에서 찾아볼 수 있는 과학 원리를 쉽게 재밌게 설명해준다. 예를 들면, '항공기의 분류', '전기전열 기구', '비행기의 주요 기록', '마그누스 효과' 등의 내용을 인포그래픽, 카드뉴스, 스낵 동영상으로 보여주며 이해를 돕는다. 'O.D.I.Y'는 아두이노, 라즈베리파이, 비글보드, 갈릴레오 등 오픈 소스 기반의 초소형 컴퓨터와 이를 활용하는 방법에 대해 쉽게 배울 수 있도록 약 10분 내외의 영상으로 제작되어있다. 영상에서는 실험을 단계별로 설명하기 때문에 컴퓨터에 대한 지식이 부족하더라도 따라기가 어렵지 않다. 해당 영상을 보기에 앞서 준비물과 수업의 핵심 내용도 요약되어 있어 유용하다.

교과별 효과적인 학습법

공부를 열심히 하는 아이들이 생각보다 결과가 좋지 않다면 학습 방법이 문제인 경우가 대부분이다. 아이들은 공부하면서 교과별로 어떻게 공부하는 것이 효과적인지 알아야 한다. 그러기 위해서는 자기 나름대로 다양한 공부 방법을 시도해보면서 깨닫는 시간이 필요하다.

선생님들도 교과마다 공부법이 다르고 각 교과의 문제 유형도 다르다는 것은 알고 있으나 막상 실제로 지도할 때는 과목별 특성을 고려하지 않은 채 수업하는 경우가 많다. 그러다 보니 어떤 아이에게 시간을 많이 투자해서 지도했음에도 불구하고 열심히 가르친 보람이 없는 경우도 생긴다. 그래서 선생님은 교과별 특성을 고려하여 아이들에게 학습을 요리해 줄 필요가 있다. 교과별로 다른 학습 요리의 맛을 본 아이들은 교과별로 어떻게 다르게 공부해야 하는지 알게 될 것이다. 다음은 교과별 특성에 따른 효과적인 학습법이다.

국어 교과의 특성과 효과적 학습법

국어 교과는 일반적으로 가르치는 선생님이나 배우는 아이들이 쉽게 생각한다. 왜냐하면, 말하고, 듣고, 읽고, 쓰는 과정은 태어나면서

부터 꾸준히 해오던 것이기 때문이다. 그러나 국어는 가장 쉽게 느껴지지만 공부하기에 가장 까다로운 과목이다. 어떻게 공부해야 성적이 잘 나오는지 알기 어렵고 무엇부터 공부해야 할지 쉽게 판단이 서지 않기 때문이다. 그러다 보니 고학년으로 올라갈수록 성적이 잘 나오기 어려운 과목이 국어 교과이다.

특히 국어 교과 영역의 '읽기'는 지식 습득의 도구이기 때문에 모든 학습의 시작이요, 끝이다. 읽기 능력은 종합적인 사고력, 비판적인 사고력, 논리적 사고력을 갖춘 언어능력을 말한다. 이런 능력은 수학, 사회, 과학 등 다른 교과에서도 요구하는 능력이므로 국어 교과는 모든 교과의 기본이 되는 과목이다. 그러기에 절대로 만만히 봐서는 안 되는 교과이며, 아이들에게도 국어 교과의 중요성을 제대로 인식시켜 주면서 지도해야 한다. 다음은 공부방에서 할 수 있는 국어 교과의 특성에 맞는 효과적인 학습법이다.

어휘력의 마당을 넓혀라

어휘력은 국어의 이해력에 가장 많은 영향을 미치는 요소이다. 국어 교과뿐만 아니라 다른 교과에서도 중요한 것이 어휘력이다. 그러나 국어 교과에서 중요하게 다루는 어휘력은 사회나 과학에서 중요하게 다루는 용어의 의미와 다르다. 국어 교과에서 어휘력은 문맥을 이해하는데 바탕이 되는 어휘력이다. 보통 선생님이나 부모님들이 모르는 낱말이 나오면 사전을 찾아보기를 권유한다. 하지만 막상 사전을 찾아보면 찾은 낱말의 의미가 더 어려워 이해하지 못하고 그냥 사전을 덮는 아이들이 많다. 이때 아이가 모르는 어휘는 선생님이 바로 설명해 줄 것이 아니라 먼저 앞뒤 문맥을 통해 추측하도록 한다. 그 다음 짧은 글짓기를 통해 문맥적 의미를 파악하도록 도와주는 게 좋다. 또한, 어려운 어휘가 나왔을 때 비슷한 말이나 반대말을 생각하게 하면 어휘력이 확장되는 것을 볼 수 있다. 공부방에 따라 공부방의 차별화된 수업 시스템으로 어휘력 마당 노트를 만들어서 꾸준하게 사용해도 좋다.

그런 엉터리 같은 말 하지 말거라. ==〉 (비) 말도 안 되는 (비) 생각
지금은 일 년 중 가장 추운 때야." ==〉 (비) 엄동설한/ (반) 더운 (반) 나중 (비) 한 해

▲ 반대말 / 비슷한 말 생각하기 예시

국어 지문 5분 소리 내어 정확하게 읽기를 하라

공부방 선생님들의 수업은 대부분 아이에게 주로 설명해주고 문제를 풀게 하는 방식으로 이루어진다. 그러나 국어 시간에는 한 지문 정도는 무조건 소리 내어 읽고 문제를 풀도록 하는 것이 좋다. 그 지문이 시면 운율을 살려서, 이야기 글이면 등장인물의 성격에 맞는 목소리로 실감 나게 읽도록 지도한다. 국어 교과는 지문 속에 문제의 답이 있는 경우가 대부분이다. 그런데 눈으로 읽다 보면 대충 읽게 되고 읽기의 집중력이 떨어진다. 매번 소리 내어 읽기가 쉽지 않지만 5분 정

도 꾸준히 지문 읽기 연습을 시키면 발음도 정확해지고 발음이 정확해지면 발표에도 자신감이 생긴다. 그뿐만 아니라 지문 이해력도 높아져 문제 푸는 실력도 좋아지게 된다.

수학 교과의 특성과 효과적 학습법

초등 수학에서 무엇보다 중요한 것은 수학에 대한 흥미와 자신감을 심어주는 일이다. 초등 저학년 시기에는 자신만만하던 수학이 어느새 4학년을 넘어가면서 포기하고 싶어지는 교과가 되는 현실이다. 이제 수학을 잘한다는 것은 어려운 문제를 잘 푼다거나 계산을 빠르게 하는 것이 아니다. 예전에는 수학 경시 대회에서 상을 휩쓸고 계산이 빠른 아이가 수학을 잘하는 아이로 인정받았다. 그러나 이제는 실생활 속에서 부딪치는 문제를 수학적으로 해결할 수 있는 능력이 있을 때 수학을 잘한다고 말할 수 있다.

수학에 대한 기존 편견을 버려야 할 때가 왔다. 아이들을 지도하는 선생님이나 학부모 모두 점수에 연연하지 말고 우리 아이들이 중고등학교에 가서도 수학이 재미있는 교과가 될 수 있도록 도와주어야 한다.

교육과정 개정과 함께 교과서가 달라지면서 문제를 많이 푸는 것보다 생각하는 힘이 필요한 수학이 되었다. 또한, 아이들에게 쉽고 재미있는 수학으로 접근하기 위해 창의 사고력 수학, 스토리텔링 수학이 관심을 받고 있다. 이렇게 달라지고 있는 수학 학습에서 공부방 선생님은 수학을 어떻게 지도해야 할까?

수학의 기본을 가르쳐라

수학의 사전적 의미를 살펴보니 다음과 같이 서술되어 있다. '수학이란 숫자와 기호를 사용하여 수량과 도형 및 그것들의 관계를 다루는 학문, 즉 인간의 사유(思惟)에 의한 추상적인 과학이다.'

그렇다면 수학의 기본은 무엇일까? 바로 숫자와 기호이다. 초등기 아이는 숫자부터 제대로 쓰도록 지도해야 한다. 어떤 아이들은 0과 6, 1과 7을 제대로 쓰지 않아 본인이 쓰고도 못 알아보고 계산 실수를 한다. 세 자릿수 연산 시 자릿수를 제대로 못 맞추어 써서 틀리는 경우도 많다.

답을 쓸 때 숫자만 쓰고 단위를 쓰지 않는 경우, 문제를 읽지 않아 어떤 관계를 묻는지도 모르는 경우 등, 어려운 문제를 풀 수 있는 능력 이전에 가장 기본적인 것부터 살펴야 한다. 특히 요즘 수학 서술형 문제는 문장이 상당히 길어서 읽기 능력이 중요하다. 긴 문장 안에 어떤 수학적 문제가 발생하여 어떤 수학적 사고로 해결하는가를 평가하기 때문에 수학 문제를 정확하게 읽고 무엇을 구하는 것인지, 주어진 조건이 무엇인지 정확하게 파악하는 연습이 중요하다.

생각할 수 있는 시간을 주어라

학원이나 공부방이 문제 풀이 위주의 수업을 하다 보니 아이들에게 많은 수학 문제를 제시하고 빨리 풀기를 재촉하는 경우가 있다. 그러다 보니 개념과 원리를 생각하기보다 공식을 외워서 풀게 된다. 공식을 외워서 풀다 보니 조금만 문제를 응용해도 아이들이 어려워한다. 요즘 수학은 다양한 방법으로 문제를 해결할 수 있는 능력을 요구한다. 한 문제를 가지고 얼마나 다양한 수학적 사고 과정을 통해 창의적으로 해결하는가를 중요하게 생각한다. 이제 아이들에게 많은 문제보다는 생각할 시간을 주고 다른 방법으로 풀 기회를 주면서 스스로 생각하는 힘을 키워주어야 한다. 수학을 전문적으로 운영하는 공부방이라면 이 부분에 대해 좀 더 많은 고민이 필요하다. 아이에게 많은 문제를 풀게 하는 것이 중요한 게 아니라 생각하는 힘을 기를 수 있는 수학 공부가 되어야 한다.

사회 교과의 특성과 효과적 학습법

사회 교과는 정치, 경제, 문화, 역사, 지리 등 우리를 둘러싼 모든 환경에 대해 이해하고 학습하므로 학습에 대한 부담감이 가장 큰 교과라 할 수 있다. 어떤 아이들은 외워야 할 내용이 너무 많아서 수학보다 공부하기가 싫다고 하는 아이도 있다. 하지만 사회는 우리 일상과 가장 밀접하게 연관되어 있고 우리 삶의 일부가 사회현상이기 때문에 다른 어떤 교과보다도 실용성을 바탕으로 하며 다양한 배경지식이 필요한 교과이다.

사회 교과의 학습 목표는 아이들이 사회현상에 관심을 가지고 일상생활에서 일어나는 문제를 비판적인 사고를 통해 스스로 해결할 수 있도록 하여 민주시민의 자질을 육성하는 것이다. 이를 위해 학교 수업에서 토론이나 토의를 통해 구체적인 방법을 찾아보는 활동을 많이 한다. 따라서 사회 교과에서는 자기의 생각과 의견을 잘 표현할 수 있도록 생각을 정리하는 능력, 다른 사람 앞에서 자신 있게 발표할 수 있는 자신감을 심어주는 것이 중요하다. 그렇다면 어렵고도 방대한 사회 교과를 재미있게 지도하려면 어떻게 해야 할까?

선생님이 먼저 사회현상에 관심을 가져라

아이들은 선생님이 하는 말 한마디에 따라 생각이 많이 달라진다. 아이들과 수업하면서 틈나는 대로 주간에 일어난 사건이나 뉴스를 이야기해 보는 것이 좋다. 수업할 내용을 뉴스나 기사로 연결 지으면 금상첨화이다. 나와 멀게만 느껴졌던 사건들이 선생님의 몇 마디 언급으로 관심사가 되고 집에 가서 뉴스를 보며 부모님과 그 기사를 소재로 대화를 나눈다. 어떤 선생님은 공부방에 어린이 신문을 구독해서 아이들이 볼 수 있도록 한다. 처음에는 별 관심이 없다가 선생님이 가끔 재미있는 기사를 읽어 주면 신문을 보기 시작한다고 한다. 사회 공부의 시작은 사회현상에 대해 관심을 갖는 것부터 출발한다. 관심이 생길 때 공부할 마음도 생기는 것은 당연지사이다.

그지도사(그림, 지도, 도표, 사진)와 친하게 해주어라

사회 교과서를 펼쳐 보면 그림, 도표, 지도, 사진이 대부분이다. 왜 그럴까? 사회 교과에서 그만큼 중요하기 때문이다. 사회는 많은 현장 체험이 필요한 교과이다. 그러나 현장 수업의 한계로 교과서에 실린 자료들로 간접 체험을 해야 하는 경우들이 많다. 따라서 사회 수업을 할 때는 '그지도사'에 집중할 수 있도록 강조해주고 설명을 자세히 해주어야 한다. 특히 지도는 공부방의 한 벽면을 차지할 정도로 큰 것으로 준비하여 수시로 볼 수 있도록 하고 수업 시 자주 활용하는 것이 좋다.

지명과 위치를 잘 알게 되면 그 지역의 경제, 문화, 역사 등을 훨씬 이해하기 쉽다. 또한 그래프나 도표 등 자료를 해석하는 연습을 통해 자료 분석력을 길러주어야 한다. 그래프나 도표에서 나오는 자료의 제목이나 수치의 의미를 설명해주고 제대로 이해했는지 확인해야 한다.

과학 교과의 특성과 효과적 학습법

과학은 우리 생활과 아주 밀접한 관계를 맺고 있다. 주변을 잠깐만 둘러보아도 우리 생활 곳곳에 과학적 원리가 숨어 있다는 것을 알 수 있다. 생활 속에서 과학적 원리를 발견하는 힘이 바로 호기심이다. 우리 인류의 발전은 호기심이 만들어낸 결과라고 할 수 있다. '사람이 하늘을 날 수는 없을까?'라는 호기심이 비행기를 만들고, 우주에는 생명체가 있을까'라는 호기심이 우주 로켓을 만들어냈다.

아이들은 정말 호기심이 많다. 이건 뭐냐, 저건 뭐냐, 왜 그런 것이냐 등 질문을 쉴 새 없이 쏟아낸다. 그러나 그런 아이들이 시간이 지나면서 점점 질문들이 줄어들고, 오히려 선생님이나 부모들이 왜 그럴까 질문을 던져도 시큰둥한 반응을 보이게 된다. 이제 과학 수업으로 점점 사라지고 있는 아이들 속에 잠재된 호기심을 깨워주어야 한다.

과학 교과는 자연 현상을 과학적으로 이해하는 교과로 자연 관찰과 실험 등이 주를 이루는 교과이다. 과학에서는 실험 과정과 결과를 아는 것이 중요하다. 아이들은 실험을 좋아하기는 하지만 어려워하기도 한다. 왜냐하면, 과학 용어들이 생소하거나 어렵고 실험 과정이 복잡하여 기억 속에 남지 않아 결국 외워야 하는 공부가 되기 때문이다. 아이들의 과학적인 호기심을 자극하면서 효과적으로 공부하는 방법은 무엇일까?

다양한 과학 관련 도서와 잡지를 준비하라

공부방에 대한 투자는 멋진 인테리어가 아니라 아이들이 언제든지 볼 수 있는 책이라고 생각한다. 집에서 책에 손을 대지 않다 가도 공부방에서는 책을 보는 아이들이 있다. 공부방에는 아이들의 호기심을 자극하는 책들이 있고 다른 친구들도 함께 보기 때문이다. 특히 과학은 눈으로 보여주는 것이 제일 머릿속에 잘 남는다. 수업하면서 수업 주제와 연관된 책들을 보여주면 이해도 빠르고 재미있게 수업이 진행된다. 심지어 책 한 권으로 한 단원 수업이 되기도 한다. 단, 과학 학습 만화보다는 사진과 그림이 많이 들어가 있는 책을 갖추기를 권장한다. 왜냐하면 학습 만화는 재미로는 보겠지만, 흥미만 남고 정확한 지식으로 남지 않는 경우가 있기 때문이다.

실험 결과를 정리하도록 하라

과학 교과서는 실험이 많은 분량을 차지하고 그만큼 중요하다. 그런데 실험 결과는 아이들이 학교에서 '실험관찰' 책에 정리하기 때문에 아이들 수준에 따라 내용정리가 천차만별이다. 그러므로 매 단원 실험 결과가 나오는 부분은 노트에 한 번씩 정리하는 습관을 만들어 주는 것이 필요하다. 이때, 기억이 잘되고 재미있게 정리하는 방법으로 '실험 나무 노트' 만들기를 권한다. 미리 키워드 트리(tree)를 만들어 놓고 빈칸 채우기를 하는 방법으로 쉽고 간단하게 실험 내용을 정리할 수 있다. 또는 교재에 나와 있는 요약정리를 복사하여 빈칸으로 만들어 교재에 다시 붙여주고 실험 결과를 정리하도록 해도 좋다.

주입보다 생각을 끄집어내는 선생님

인도의 교육학자 수가타 미트라 교수는 '벽 속의 구멍(Hole in the wall)' 프로젝트를 통해 아이들은 누군가의 도움 없이도 배움을 스스로 조직할 수 있다고 했다. 또한 '학습'이라는 것은 '자발적 구조화(self-organization)'의 결과물이며 교육적 과정이 '자발적 구조화'될 때 일어난다고 보았다. 이것은 학생을 학습하게 '만드는' 것이 아니라 학습이 '일어나게' 해야 한다는 것을 의미한다. 따라서 선생님은 그 과정이 작동할 수 있도록 시동만 걸어 준 뒤, 한발 물러서서 학생을 존중하는 마음으로 학습이 일어나는 과정을 바라보면 된다고 이야기한다.

이제 선생님들의 인식 변화가 필요하다. 선생님의 지식과 정보는 한계가 있다. 그동안 주로 교육 현장에서 이루어지고 있는 주입식 교육은 미래 사회에 필요한 인재를 양성하는 데 독이라 할 수 있다. 이제 공부방에 와서 선생님이 알려 주는 대로 외우고 문제만 풀고 가는 시대는 사라질 것이라는 사실을 알아야 한다. 아이들의 머릿속에 무언가 집어넣어 주는 공부가 아니라 아이들의 생각을 끄집어내 주는 선생님이 필요하다.

예전 공부방 선생님들이 교재 연구를 하는 모습은 주로 교재에 있는 개념을 어떻게 하면 잘 설명할까 고민하는 모습이었다. 그리고 교재에 있는 문제를 꼼꼼하게 풀어 보고 아이들에게 실수하지 않고 정확하게 가르쳐 주는 것이 교재 연구에서 중요한 부분이라고 생각했다. 하지만 수업 시간에 선생님이 말을 또는 설명을 많이 한다고 효과적인 수업이 아니다. 또한 문제를 잘 풀어주는 선생님이 좋은 선생님이 아니다. 수가타 미트라 교수의 말처럼 아이들은 스스로 배움을 조직할 수 있는 능력이 있다. 선생님의 역할은 아이들이 스스로 배움을 조직할 수 있도록 안내해 주는 사람이 되어야 한다.

이를 위해서 가장 중요하고 필요한 수업 준비는 수업 시간에 아이들에게 무슨 질문을 어떻게 할 것인가이다. 특히 교과 과목이나 논술에서는 생각을 끌어내 주는 질문이 무엇보다 중요하다. 아이들이 다양하고 창의적인 생각을 표현할 수 있도록 선생님은 적게 가르치고 아이들은 많이 말할 수 있는 시간이 되어야 한다. 또한, 선생님이 문제를 풀어주는 수업에서도 아이들이 문제를 풀어 보고 어떻게 풀었는지 설명해 볼 기회를 주어야 한다.

공부방에서 이런 연습이 되어 있는 아이들은 학교 수업도 재미있고 수업에 대한 집중도가 좋아진다. 요즘 학교 수업은 자기의 생각을 잘 정리해서 다른 사람 앞에서 논리적으로 표현하는 시간이 많아지기 때문이다. 그렇다면 어떻게 질문하는 것이 효과적일까? 『최고의 교사는 어떻게 가르치는가』에서 말하는 효과적인 질문 전략을 참고하여 정리해 보면 다음과 같다.

한 번에 하나씩 질문하라

아이들에게 동시에 여러 가지 질문을 주면 혼란을 주게 되고 질문에 집중력이 떨어진다. 한 번에 하나씩 질문하는 것이 아이들이 한 번에 하나의 생각에 질문할 수 있게 하고 선생님은 구체적인 목표를 가지고 질문할 수 있도록 도와준다.

단순한 것에서 복잡한 것으로 질문하라

이런 질문 방식은 구체적이고 체계적인 방식을 활용해 아이들의 생각을 끌어내서 보다 깊이 있게 사고할 수 있도록 해 준다. 또한 주어진 질문에 자신이 성공했다는 자신감을 얻게 되면서 깊이 있는 질문에 대해서도 대답하는 모습을 볼 수 있게 된다.

같은 말로 다시 질문하라

선생님들은 질문을 던지고 아이들이 손을 들면 그 아이를 지목한다. 이때 의미가 같을지라도 다른 질문으로 하지 말고 말 그대로 같은 질문으로 해야 한다. 선생님이 아이들에게 질문의 일관성을 유지할 때 정확한 답변이 나오고 질문에 쉽게 참여하기 때문이다.

분명하고 간결하게 질문하라

잘못된 답변이 나올 때 문제는 답이 아니라 질문에 있을 때가 많다.

분명하고 간결한 질문을 할 때는 누가, 언제, 무엇을, 왜, 어떻게 등 육하원칙으로 질문하는 것이 좋다. "민수는 그렇게 생각하지 않았는데?"라고 질문하는 것보다 '민수가 그렇게 생각하지 않은 까닭은 무엇일까?'와 같이 의문형으로 질문하는 것이다.

세밀하게 나누어서 질문하라

아이들의 대답이 틀렸을 경우 선생님들이 답을 말해 주거나 다른 아이에게 답을 하게 하는 경우가 있다. 그런데 그보다는 질문을 조금 세밀하게 나누어서 아이가 어떤 부분을 어려워하고 있는지 질문을 통해 파악하는 것이 좋다.

학생에게서 시선을 거두지 마라

이 방법은 질문에 답하지 못한 아이에게 선생님의 관심을 거두지 않고 올바른 답을 말한 친구의 답을 반복하게 말하게 하거나 다른 친구가 추가적인 정보를 주어 아이 스스로 문제를 해결할 수 있도록 도와주는 방식이다.

개념과 원리를 제대로 지도하는 방법

수업에서 개념과 원리가 빠진 수업은 좋은 수업이라 할 수 없다. 학부모나 아이들도 개념과 원리를 제대로 가르치지 않으면서 무조건 문제만 풀게 하는 선생님의 수업을 신뢰하지 않는다. 아이들은 문제를 푸는 기계가 아니다. 문제를 풀어 보는 이유는 개념과 원리를 정확히 이해했는지 확인하기 위해서다. 그런데 안타깝게도 많은 공부방 선생님들이 개념과 원리는 간단히 넘어가고 아이들이 감당하기 힘든 많은 문제를 던져준다. 더욱 안타까운 것은 선생님들이 한 시간의 수업을 문제 풀이로 시간을 보내면서 학부모에게는 다양한 문제를 통해 응용력과 문제 해결력을 키워주고 있다고 상담을 한다는 것이다. 과연 문제 풀이만으로 응용력과 문제 해결력이 향상될 수 있을까?

모든 공부의 기본은 어떤 지식에 대한 개념과 원리를 확실하게 이해하는 것부터 시작한다. 개념과 원리를 제대로 이해하지 않은 상태에서 공부하는 것은 모래 위에 집을 짓는 것과 같다. 물론 문제를 열심히 풀면 일시적으로 점수는 오를 수 있다. 그러나 그것이 오래가지 않는다는 것은 선생님들도 잘 알고 있을 것이다.

그렇다면 선생님들이 어떻게 개념과 원리를 지도해야 할까? 선생님들의 이야기를 들어보면 이것이 그리 쉬운 일은 아니다. 왜냐하면, 교과마다 중요하게 다루어야 할 개념과 원리가 다르기 때문이다. 그뿐만 아니라 그 교과에서 다루어지는 단원의 핵심 개념을 파악하는 것부터 시작해서 교과의 특성에 맞는 개념과 원리를 지도해야 하므로 선생님들이 많은 어려움을 느낀다.

예를 들어, 1학년의 경우 3월에 국어에서는 글자의 짜임에 대해 배우고 수학에서는 9까지의 수를 배운다. 1학년 수업에서 이 정도 지도하는 데 무슨 어려움이 있을까 생각하겠지만 그런 생각이 들었다면 이는 1학년에서 배워야 할 개념과 원리를 모르고 하는 소리이다. 요즘 1학년 아이들은 한글과 수 세기 정도는 다 떼고 입학하므로 선생님들은 아이들이 기본 개념과 원리를 다 알고 있다고 생각한다. 그래서 당연하게 문제 푸는 것을 쉽게 생각하고 문제를 풀게 한다.

하지만 1학년에서 알아야 할 한글 배우기의 핵심 개념과 원리는 한글을 읽을 수 있다나 없다가 아니라, 낱말이 만들어지는 원리를 이해하고 한글을 읽을 수 있느냐가 핵심이다. 다시 말해서 자음과 모음이 만나서 낱자를 만들고, 낱자와 낱자가 만나서 낱말이 만들어지는 원리를 아는 것이 중요하다는 것이다. 그러나 막상 우리 아이들을 살펴보면 한글은 읽을 수 있으나 낱자가 무엇인지 낱말이 무엇인지 이해를 못 하는 경우가 많다.

수학 역시 마찬가지이다. 9까지의 수는 1학년 아이들이 다 알고 그뿐만 아니라 연산이 빠른 아이는 두 자릿수 연산까지도 가능하다. 그러나 "4라는 숫자를 설명해 보세요"라고 말하면 설명을 하지 못한다. 이것은 비단 아이들뿐만 아니라 아이를 가르치는 선생님도 마찬가지다. 숫자 '4'를 설명하라니… 문제의 의도조차 이해가 안 되는 분도 있을 것이다. 그러나 우리 아이들은 교과서에서 분명히 숫자 '4'에 대한 개념을 배운다. 어떻게 배울까? 숫자 4는 3보다 1 큰 수이고 5보다 1작은 수이다. 또는 사과 2개와 배 2개를 더하면 4와 같다. 이렇게 수 개념을 배운다.

교육을 진행하면서 선생님들에게 "숫자 8을 넣어서 짧은 글을 지어 보세요"라는 문제를 내어 보았다. 뭘 이런 걸 하는 표정으로 한두 분의 선생님이 대답하기 시작했다. "나는 사탕 여덟 개를 가지고 있다. 파란 색연필 다섯 자루와 빨간 색연필 세 자루를 더하면 여덟 자루이다." 이 정도에서 더 이상 나오지 않았다. 그 많은 선생님 중에 수학을 전문으로 지도했다는 선생님도 여덟 번째라는 숫자의 순서수 개념을 대답하는 분이 드물었다. "내가 좋아하는 번호는 팔(8) 번이다"라는 문장조차도 나오지 않았다. 이것이 아이들을 가르치는 우리 선생님들의 현실이다.

개념과 원리는 수학에서 무엇보다 중요하니 한 가지 예를 더 들어 보도록 하겠다.

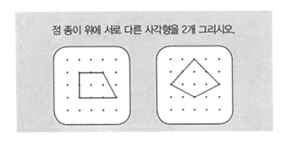

2학년 도형 단원에서 나오는 문제이다. 선생님들에게 다음과 같이 질문을 던졌다.

"왜 사각형을 점 종이 위에 그리라고 하는 걸까요? 그냥 종이에 그려도 사각형 정도는 너무 쉬워서 아이들이 잘 그릴 수 있을 텐데요. 혹시 설명해주실 수 있는 분 있을까요?"

여기까지는 선생님들이 대부분 대답이 없다. 다시 질문한다.

"사각형의 정의는 무엇일까요?"

몇 분이 대답한다.

"선분이 네 개이고 꼭짓점이 네 개이고 각이 네 개인 도형이요."

이 선생님의 대답이 정확히 맞는 것일까? 정확한 답은 사각형이란, 네 개의 선분으로 둘러싸인 도형이다. 앞에서 대답한 사각형의 정의는 사실 사각형의 성질에 해당한다. 자, 그렇다면 다시 생각해 보자. 왜 점 종이에 사각형을 그리라는 문제가 나왔을까? 바로 사각형이라는 개념을 배우기 전에 우리 아이들은 선분에 대해 배운다. 점과 점 사이를 곧은 선으로 이은 것이 선분이다. 따라서 사각형이란 네 개의 선분으로 둘러싸인 도형인데 선분이 점과 점 사이를 이은 곧은 선이기 때문에 점 종이를 주고 그리라고 하는 것이다.

여기서 다시 생각해 볼 것이 있다. 선생님들은 이 문제가 쉽다고 생각하고 있고, 아이들이 대충 사각형을 그려 놓으면 맞았다고 동그라미를 그려준다. 그러나 개념을 제대로 지도하는 선생님이라면 곧은 선으로 그리지 않은 아이는 맞지 않았다고 말해 줄 것이고 그 이유역시 설명해 줄 것이다. 더 정확하게 지도하는 분이라면 자를 이용해서 그리라고 지도할 것이다.

집을 제대로 지으려면 깊게 땅을 파서 기초 공사를 튼튼하게 해야 한다. 우리 아이들도 개념과 원리가 제대로 이해될 때 진정한 학습이 이루어질 수 있다는 것을 명심해야 한다. 그러기 위해서는 많은 문제를 풀게 하는 것보다 왜 이런 문제를 냈을까를 고민해 보고 생각해 보는 시간을 주면서 개념과 원리를 스스로 터득하는 시간을 주는 것이 더 중요하다.

좋은 수업 만들기

1. 나만의 창의적인 교수법 만들기

방법	나만의 창의적인 교수법
색종이 이용	
포스트잇 이용	
스케치북 이용	

2. 과목별 개념송 만들기

과목	개념송
국어	국어 원리를 개념송으로 만들어 보세요.
수학	수학 원리를 개념송으로 만들어 보세요.
영어	영어 문법을 개념송으로 만들어 보세요.
사회	고려 시대의 특징을 개념송으로 만들어 보세요.
과학	광합성 작용을 개념송으로 만들어 보세요.

창업은 쉽게! 성공은 빠르게

우리동네
1등
공부방

펴낸날 2023년 6월 5일

지은이 유경숙
펴낸이 주계수 | **편집책임** 이슬기 | **꾸민이** 김태안

펴낸곳 밥북 | **출판등록** 제 2014-000085 호
주소 서울시 마포구 양화로7길 47 상훈빌딩 2층
전화 02-6925-0370 | **팩스** 02-6925-0380
홈페이지 www.bobbook.co.kr | **이메일** bobbook@hanmail.net

© 유경숙, 2023.
ISBN 979-11-5858-991-2 (03320)